Ullstein

JOHANNES MOONEY
APRIL '91.

James A. Howard

Spezialist für Mord

Übersetzt von Kai Glowitsch

Ullstein Krimi

Ullstein Krimi
Lektorat: Martin Compart
Ullstein Buch Nr. 10349
im Verlag Ullstein GmbH,
Frankfurt/M. – Berlin
Titel der amerikanischen
Originalausgabe:
Murder Takes a Wife

Unveränderte Neuauflage
des Bastei-Lübbe-Taschenbuchs 36013
unter dem Titel
»Spezialität: Beseitigung Ihrer Frau«

Umschlaggestaltung & Fotorealisation:
Welfhard Kraiker & Karin Szekessy
Alle Rechte vorbehalten
© 1958 by James A. Howard
Übersetzung mit freundlicher
Genehmigung
Bastei-Verlag Gustav H. Lübbe,
Bergisch Gladbach
Printed in Germany
Druck und Verarbeitung:
Ebner Ulm
ISBN 3 548 10349 9

März 1986

CIP-Kurztitelaufnahme
der Deutschen Bibliothek

Howard, James A.:
Spezialist für Mord / James A. Howard.
Übers. von Kai Glowitsch. – Frankfurt/M;
Berlin: Ullstein, 1986.
    (Ullstein-Buch; 10349: Ullstein-
    Krimi)
    Einheitssacht.: Murder takes a wife ‹dt.›
    ISBN 3-548-10349-9
NE: GT

I

Ich stellte das winzige Radio leise. Es wurde irgendwas Klassisches gespielt, was Betty oft hörte, damit die Leute glaubten, daß sie was davon verstünde. Eine Zeitlang hörte ich zu, wie die Geigen immer und immer wieder über die fünf oder sechs Noten sägten.

»Schön?« fragte ich.

Sie drehte sich in der Badewanne um und schenkte mir jenes Zweihundertwattlächeln, das bedeutete, daß sie mit mir zufrieden war. »Stell das Radio weg und wasch mir den Rücken, Liebling.«

»Es riecht gut hier. Ein neues Badesalz?«

»Du hast es mir doch gekauft.« Sie sah mich über ihre eingeseifte Schulter an und blickte verführerisch wie auf Teufel komm raus. »Wasch mir den Rücken«, schnurrte sie.

»Magst du die Musik?«

Sie legte ihren Kopf schief, lauschte einen Augenblick und vergaß dabei, daß diese Haltung ihrem Sex-Appeal nicht zugute kam. »Brahms . . . herrlich. Komm, Darling, wasch mir jetzt den Rücken.«

Ich ließ das kleine Radio in die Wanne fallen und sah, wie sie steif wurde und sich halb aus dem Wasser aufrichtete. Nach einer Minute wirkte der Zünder, den ich in den Kasten gesteckt hatte. Mit einem Schlag war es in der ganzen Wohnung dunkel.

»Gute Nacht, ausgekochtes Luder«, sagte ich. Ich sagte es leise, als ob sie mich noch hätte hören können. Ich hätte einen Eisengong auf ihren Kopf fallen lassen können – sie würde nicht mehr reagieren.

Betty war tot, und ich hatte zehntausend Dollar verdient.

Meine Fingerabdrücke waren überall in der Wohnung, auch im Badezimmer. Aber das störte mich nicht. Jeder im Haus wußte, daß ich viel Zeit bei Betty verbracht hatte. Ich zündete ein Streichholz an und sah nach dem Radiokabel. Es hatte etwas mit der Geschichte von dem Unfall zu tun, die ich erzählen wollte. Ich steckte mir eine Zigarette an dem Streichholz an, bevor es abgebrannt war.

Es hatte Vorteile, daß ich mich hier auskannte. Ich ging in der Dunkelheit zum Sicherungskasten, nahm die zu starke Sicherung heraus und ersetzte sie durch eine normale, die ich in ein paar Sekunden festgeschraubt hatte. Die andere warf ich in den Müllschlucker, ließ Wasser nachlaufen und blieb dann einen Moment stehen, um die nächsten Schritte noch einmal genau zu überlegen.

Jetzt mußte ich etwas schneller handeln. Ich ging ins Schlafzimmer, zog mein Hemd aus und hängte es auf. Ich dachte sogar daran, an der Kordel für die Nachttischlampe zu ziehen. Natürlich blieb es dunkel, aber sie würde brennen, wenn jemand eine neue Sicherung einsetzte.

Ich legte mich auf das Bett, zog die Tagesdecke zur Seite und schlüpfte hinein, damit alles glaubhaft wirkte.

Dann griff ich zum Telefon. Mein Klient sollte wissen, daß ich den Auftrag ausgeführt hatte, damit er genug Zeit fand, um sich ein hieb- und stichfestes Alibi zu zimmern. Ich glaubte nicht, daß ich für mich eins brauchte. Dafür war das Vorhaben zu gut durchdacht.

Ich stand wieder aus dem Bett auf und rannte zur Wohnungstür, stürzte hinaus auf den Flur, hämmerte wie wild gegen die Tür gegenüber. Ich schrie, klopfte, warf mich gegen die Tür. Mein Schreien hätte Scheintote erschrecken können.

Es dauerte fast eine Minute, bevor der Nachbar zur Tür kam. Aber auch damit hatte ich gerechnet.

Der Mann an der Tür sah bleich aus.

»Hilfe! Helfen Sie! Ein Unfall . . . Rufen Sie einen Arzt! Helfen Sie!«

Seine Kinnlade fiel herunter. Er stand da in einem widerlich gefärbten Bademantel und brachte kein einziges Wort heraus. Das gab mir Gelegenheit, noch einmal zu schreien:

»Bleiben Sie doch nicht einfach stehen! Sie müssen einen Arzt rufen!« Meine Panik mußte überzeugend wirken.

Jetzt erst öffnete er die Tür weit. Das war besser. Ich stürzte unaufgefordert in seine Wohnung. »Betty!« schrie ich. »Sie ist tot! Ich war schon im Bett – ich hörte einen Schrei – Licht ging aus! Holen Sie Hilfe! Um Gottes willen, Mann! Können Sie nicht irgendwas tun?«

Ich war froh, daß ich daran gedacht hatte, mein Haar zu zerzausen. Auch daran konnte man sehen, daß ich schon im Bett gelegen hatte – und für zehntausend Dollar kann man es sich schon erlauben, mal nicht gut frisiert zu sein.

Der Mann in dem widerlichen Bademantel war endlich am Telefon. Mit dicken runden Fingern fummelte er an der Wählscheibe herum. Als er in die Muschel sprach, hörte es sich genauso an, wie es sein mußte. Er rief die Polizei an und bat um Hilfe. Als er den Hörer auflegte, fragte ich ihn nach einer Taschenlampe – ich sagte ihm, ich müßte zurückgehen, um wieder nach Betty zu sehen. Der Kerl kam mit einer Kerze an.

Wir gingen in Bettys Wohnung hinüber, er hielt eine Hand vor die Kerze, um die Flamme zu schützen.

»Was ist passiert?« fragte er.

»Ich weiß es nicht. Ich war im Bett, als Betty badete. Sie

hörte Radio. Dann hörte ich plötzlich einen Schrei, und dann ging das Licht aus. Ich lief ins Badezimmer, zündete ein Streichholz an . . . Sie sieht schrecklich aus! Das verdammte Radio liegt in der Badewanne. Ich . . . ich weiß nicht, was ich tun soll . . . deshalb bin ich zu Ihnen gekommen.«

Wir hörten Schritte im Flur, schwere, langsame, offizielle Schritte. Ich ging zurück zur Tür, während der kleine untersetzte Mann ins Badezimmer ging, um sich gründlich umzusehen, wobei er die ganze Zeit die Kerze mit einer Hand gegen möglichen Wind schützte.

Die nächsten Minuten waren hektisch. Taschenlampen blitzten auf, beleuchteten jeden Winkel. Der Arzt kam, aber die Polizisten ließen ihn nichts mehr tun, nachdem er Bettys Puls gefühlt und gesagt hatte, daß sie tot war. Zehn Minuten später waren die Leute von der Mordkommission da. Nachdem sie ein paar Glühbirnen probiert hatten, kam jemand auf den Gedanken, den Radiostecker herauszuziehen und die durchgebrannte Sicherung durch eine neue zu ersetzen. Dann war es wieder hell in der Wohnung.

II

Das Licht half auch nicht, irgend etwas an diesem Fall zu beleuchten. Sicher, die Polizei nahm mich mit und hielt mich die Nacht über hinter Schloß und Riegel, aber damit hatte ich gerechnet.

Fünfzehn Stunden lang hielten sie mich fest, hörten sie meinem Jammern zu, meinen Liebesbeteuerungen und den Vorwürfen, ich hätte ihr nicht erlauben sollen, im Bad Radio zu hören. Als sie fertig waren und nichts mehr wußten, blieb ihnen nur noch übrig, sich bei mir zu entschuldigen. Aber ob ich denn nicht wüßte, daß man nicht mit der Frau eines anderen zusammenlebte?

Ich kam ihnen mit der alten Geschichte, daß Betty und ich sofort hatten heiraten wollen, wenn ihr Mann in die Scheidung eingewilligt hatte.

Ich wartete noch eine Woche nach der Beerdigung, bevor ich die ersten Vorbereitungen traf, um die Stadt zu verlassen. So lange dauerte es, bis die Sache so abgekühlt war, daß ich es wagte, zu ihrem Mann zu gehen und das Geld in Empfang zu nehmen. Wir hatten vorher schon abgemacht, daß ich ihn auf dem Golfplatz treffen würde.

Er war ein paar Löcher vor mir, und ich sah, wie er einen Ball absichtlich in den angrenzenden Wald schlug. Während mein Mitspieler an mir vorbeizog, hatte ich Zeit, im Wald nachzusehen, und in einem alten Baumstumpf entdeckte meine ausgestreckte rechte Hand den schweren Umschlag.

Es war genauso, wie ich es haben wollte, alles alte Fünfer und Zehner. Ich verstaute den Umschlag in meiner Golftasche, gab die Suche nach dem Ball auf und legte einen neuen hin. Schließlich gewann ich die Runde mit sechs Löchern Vorsprung.

An meinem Zahltag geht mir eben nichts daneben.

Mit den zehntausend und den fünfundzwanzigtausend, die er mir dafür gezahlt hatte, daß ich mich an seine Frau heranmachte, war ich für lange Zeit aus dem Schneider. Trotzdem, von seiner Warte aus gesehen, hatte er noch verdient: Eine Scheidung hätte ihn mehr gekostet. Betty, das Luder, hätte ihn ausgesaugt.

Ich glaube, daß ich in einem ziemlich ungewöhnlichen Geschäft tätig bin. Ich habe schon vor langer Zeit aufgehört, darüber nachzudenken. Ich habe mir eine eigene Theorie zurechtgelegt. Es gibt immer Leute, denen andere Leute im Wege sind. Manchmal sind das die eigenen Ehefrauen. Vielleicht kosten sie zuviel. Vielleicht kann man sie einfach nicht mehr sehen. Vielleicht hat man was Anderes (Besseres) kennengelernt. Eine Scheidung kann auch den reichsten (und gerade den reichsten) Mann arm machen.

In diesem Fall wird ein Spezialist benötigt. Das bin ich. Wenn Sie's selbst versuchen, ist die Gefahr groß, daß man mit Ihnen Atemübungen in der Gaskammer anstellt. Warum das so ist? Ziemlich einfach. Man ist selbst zu sehr beteiligt, um kühl vorgehen zu können. Und ich? Mich berührt nichts. Für mich ist das Ganze ein Geschäft, ein lukratives Geschäft, darf ich sagen. Mord ist mein Job.

Aber niemand wird es Mord nennen. Ich brauche nur genügend Zeit, dann arrangiere ich alles so, daß niemand auf die Idee kommen wird, daß die mir Anvertraute eines gewaltsamen Todes gestorben ist.

Ich übernehme nie mehr als fünf Aufträge pro Anno. Mein Mindestpreis beträgt zehntausend plus Spesen.

Man muß an vieles denken. Jetzt, da dieser Auftrag in Seattle erledigt ist, werde ich wenigstens ein Jahr lang nicht mehr in diese Gegend kommen.

Nach dem Golfspiel hatte ich einen Mordshunger, aber zuerst mußte ich noch eine wichtige Detailarbeit hinter mich bringen. Ich fuhr zum Polizeipräsidium und ließ mich bei Captain Rafferty anmelden, der mich vor zehn Tagen in die Mangel genommen hatte.

Er blickte von seinem Schreibtisch hoch.

»Was gibt's?«

»Halten Sie mich nicht für abgebrüht, Captain«, sagte ich, »aber wäre es vielleicht möglich, noch einmal in Bettys Wohnung zu gehen, um ein paar Sachen zu holen?«

10

»Welche Sachen?«

»Kleider – meine Kleider. Ich habe noch ein paar Anzüge und einige andere Dinge da. Ich wollte nicht früher . . . verstehen Sie . . . aber . . .« Ich verlieh meiner Stimme ein mannhaft unterdrücktes Zittern. »Könnten Sie vielleicht mit mir gehen oder jemanden mit mir schicken?«

»Wie kommen Sie rein?«

»Ich . . . habe immer noch einen Schlüssel.«

Er schaute mich an, und in seinem Gesicht lag die Intelligenz einer Mohrrübe – nur, es war noch tiefer rot.

»Aber Sie möchten nicht allein hin, nicht wahr?«

Ich nickte. Er hatte angebissen.

»Die Polizei hat nichts mehr mit der Sache zu tun. Wir haben sie als Unfall deklariert.«

»Aber ich habe nicht das Recht, jetzt die Wohnung zu betreten, oder?«

»Das hatten Sie nie.« Seine Stimme klang streng, aber gleich darauf wieder versöhnlich. »Aber, zum Teufel, Sie können sich natürlich Ihre Kleider abholen. In zwanzig Minuten habe ich Dienstschluß. Dann gehe ich mit Ihnen.«

»Danke, Captain.« Es war wirklich einfach gewesen. Das ist es, wenn ich sage, daß man alles reiflich durchdacht haben muß. Das unterscheidet den Fachmann vom Stümper.

»Es muß sehr hart gewesen sein, Mr. Williams.«

Das war eine ganz neue Tonart, und sie tat mir gut. Wenn die Polizei einem was anhaben will, heißt es *Williams* oder welchen Namen man sonst benutzt. Aber sobald man wieder eine weiße Weste hat, ist man wieder *Mister Williams*.

»Ja, Captain«, erwiderte ich, »es war eine harte Sache.«

»Was werden Sie jetzt machen?« fragte er.

»Ich werde nach Chicago zurückgehen. Ihre Zeitungen hier haben es mir nicht leichter gemacht. Ein Mann hat es nicht einfach, wenn die ganze Stadt von seinem . . . davon weiß. Dabei spielt es für die Öffentlichkeit keine Rolle, daß sie sich von Doctor Aarons ja ohnehin scheiden lassen wollte . . ., daß wir heiraten wollten . . .« Ich ließ den Satz unvollendet und kostete es aus, daß das arme Schwein sich jetzt innerlich Vorwürfe machte, mich überhaupt in Verdacht gehabt zu haben.

»Ich treffe Sie also in Bet . . . in der Wohnung, Captain, ja? Sagen wir, in fünfundvierzig Minuten?«

Er nickte, und ich ging hinaus. Auf dem Wege zur Wohnung hielt ich an einem Kosher Delicatessen und vertilgte ein paar Cornedbeef-Sandwiches und ein Glas dunkles Bier. Golf macht hungrig.

Ich erwartete dann den Captain auf dem Bürgersteig. »Vielen Dank, daß Sie gekommen sind.«

»Bringen wir es hinter uns.«

Wir blieben weniger als zehn Minuten in der Wohnung. Er kümmerte sich nicht um mich, als ich drei Anzüge aus dem Schrank nahm und sie zusammen mit ein paar Hemden in einen Koffer stopfte. Erst als ich den Koffer schloß, sagte er etwas.

»Zigarette?«

Ich nahm eine und ließ mich auf den Bettrand nieder. Ich mußte mich auf den richtigen Gesichtsausdruck konzentrieren, und als ich sicher war, daß er saß, sagte ich: »Danke.«

Er bot Feuer an. »Sie war eine schöne Frau«, meinte er.

Ich ließ meinen Kopf ein wenig sacken, strich einmal wie abwesend und unbeabsichtigt über das Bett. »Ja«, sagte ich leise, »sie war sehr schön.« Ich blickte in seine

Augen. »Das . . . das wäre alles, Captain. Können wir gehen?«

Das Brüchige in meiner Stimme war phantastisch. Es paßte haarscharf.

»Sicher, Mr. Williams.«

Ich stand auf und sah mich noch einmal überall im Zimmer um, dann ging ich schnell hinaus. Unten an der Straßenecke reichte er mir die Hand.

»Es tut mir leid, daß es so kommen mußte, Mr. Williams. Daß wir Sie auch noch festgehalten und vernommen haben, meine ich.«

»Sie haben nur Ihre Pflicht getan, Captain. Sie mußten die Untersuchung leiten, die Zeitungen mußten einen großen Wirbel machen, mein Boß mußte mich rausschmeißen . . . alles Leute, die nur ihre Pflicht getan haben . . . und ich muß gehen.«

»Seattle ist keine schlechte Stadt, Mr. Williams. Sie könnten bleiben.«

Ich sah zurück auf das Apartmenthaus, wandte mich aber widerwillig ab. »Vielleicht könnte ich bleiben – aber es ist besser, wenn ich gehe.«

»Vielleicht haben Sie mehr Glück in Chicago«, sagte der Captain freundlich.

»Danke«, sagte ich. Und ich dachte dabei, daß ich mich mindestens zwei Jahre lang in Chicago nicht sehen lassen konnte.

III

Ganz gemächlich steuerte ich meinen kleinen Pontiac aus Seattle heraus. Ich nahm die Ozeanroute und bewegte mich mit konstanten 60 Meilen voran. Ob Sie's glauben oder nicht – zwischen meinen Aufträgen nehme ich waschechte Touristenallüren an. Ich erfreue mich an der Landschaft, bummle durch die Gegend, lasse mich treiben, mache, was mir gerade in den Sinn kommt.

Und diesmal kam mir in den Sinn, nach Las Vegas zu fahren. Ich machte die Runde durch die Bars und Casinos, um wieder auf dem laufenden zu sein. Ein paar Dollar an die Hotelangestellten, dann wußte ich, wer aus Texas hier war.

Ich hatte mir vorgenommen, meinen nächsten Job in Texas zu übernehmen.

In meinem Geschäft ist es nicht allzu schwierig, Kunden zu gewinnen. Aufpassen muß man nur, daß die Details stimmen. Die Umgebung muß richtig sein. Der Zeitpunkt darf nicht falsch gewählt sein.

Vielleicht konnte ich hier in Las Vegas jemanden finden, der mir die Tür der gutsituierten Familien in Fort Worth aufstieß. Ich hatte mich für Fort Worth als neue Arbeitsstätte entschieden.

Ich hatte Glück. Ich erfuhr, daß ein gewisser R. Bingham, Scott aus Fort Worth im Hotel wohnte. Hörte sich gut an, der Name. Echt texanisch.

Am Roulett-Tisch wollte ich mit ihm Bekanntschaft schließen. Texaner sind meist keine guten Spieler, besonders, wenn man sie in Las Vegas kennenlernt.

Mein R. Bingham Scott war keine Ausnahme. Nach den ersten Spielen, bei denen ich ihm zuschaute, hatte ich das herausgefunden. Er setzte ziemlich wahllos und hantierte mit einer Handvoll Hundertdollarscheinen über dem Tisch.

»Hundert gerade«, sagte er.

Die hundert verlor er. Er erhöhte, wechselte, erhöhte, wechselte. Er hatte rund achthundert verloren, als ich eingriff.

Er setzte hundert, ich hielt zwanzig mit, sicherte mich aber gleichzeitig mit zwanzig weiteren ab.

»Hier drauf, Texas«, sagte ich.

Er sah überrascht hoch, überlegte wohl, wo er mich schon mal gesehen hatte, dann schüttelte er den Kopf. Er hatte verloren, aber durch meine Versicherung steckte ich fünfzehnhundert ein. Er blickte mich verblüfft an. Irgendwo schien es bei ihm gezündet zu haben.

Während er weiter verlor, schob ich ihm einige 50-Dollar-Chips zu. Nach einer Weile hatte ich das Gefühl, daß er die Nase gestrichen voll hatte. Ich klopfte ihm auf die Schulter, setzte meine »Pech-gehabt-altes-Haus«-Miene auf und führte ihn zur Bar.

Wie ich erwartet hatte, eröffnete er das Gespräch. »So ein Mist. Es tut mir leid, daß Sie auf einen Verlierer gesetzt haben.«

Ich machte eine wegwerfende Handbewegung. »Ist ja nur ein Spiel. Wenn ich Sie nicht getroffen hätte, wäre ich vielleicht viel höher drangegangen, und dann hätte es mich viel schlimmer erwischt.«

»Ich heiße Scott«, stellte er sich vor. »R. Bingham Scott – die meisten nennen mich Bing.«

»Fein, Sie kennenzulernen, Bing«, sagte ich. »Ich bin Jeff Allen.« Ich hatte mich entschlossen, diesmal meinen richtigen Namen zu gebrauchen. Der Unterschied zwischen unseren Bankkonten war sicherlich 'ne Million wert, aber meinem Lächeln sollte er das nicht anmerken. »Trinken Sie einen mit, Bing? Lassen Sie mich einen Augenblick überlegen – Sie kommen aus Texas, nicht wahr? Ich wette fünf zu eins, daß ich weiß, was Sie trinken.«

»Akzeptiert!« grinste er fröhlich.

»Texaner wissen, was gut ist«, meinte ich, »ihr macht

nicht jede Mode mit, es muß was Handfestes sein. Also –
Bourbon und klares Leitungswasser.«

Wenn man einen Mann so taxiert hat, zahlt er lieber, als
zu gestehen, daß man ihn falsch eingeschätzt hat.
»Haarscharf!« sagte er und griff zu seiner Brieftasche. Er
blätterte fünf Hundertdollarscheine hin.

Die Versuchung war groß, aber ich wollte sichergehen.
»Sie schulden mir fünf Dollar«, sagte ich.

Er sah mich fast ein wenig enttäuscht an, daß ich sein
Geld nicht nahm, deshalb mußte ich ihn trösten. »Es ist
meine Schuld«, sagte ich. »Ich kann nicht die fünfhun-
dert akzeptieren, wenn ich nur fünf hätte zahlen wollen.
Ich hätte eben klarer ausdrücken müssen, um was die
Wette ging.«

Dann wandten wir uns den Getränken zu. Er erzählte
mir von Fort Worth, und als ich ihm sagte, daß ich nach
Fort Worth versetzt worden war, mußten wir noch ein
paar trinken. Er gab mir seine Karte und drängte mich, ihn
in Fort Worth zu besuchen.

Als ich erfuhr, daß er noch bis Ende der Woche in Las
Vegas blieb, verabredeten wir uns für den nächsten
Morgen zu einem Golfspiel. An drei Tagen spielten wir,
bevor wir uns in Las Vegas trennten. Und da ich mich
nicht allzusehr anstrengte, gegen ihn zu gewinnen, war
ich ihm ein lieber Partner. Es war für ihn ein größeres
Glück, ein Golfmatch zu gewinnen, als ein Haus ge-
schenkt zu bekommen.

Ich fuhr am Freitagmorgen ab und hatte versprochen,
am folgenden Mittwoch mit ihm im Rosario Golf zu
spielen. Warum nicht? Rosario ist der exklusivste Golfclub
in Fort Worth. Niemand konnte mich besser in die
Gesellschaft einführen als der Vorsitzende des ersten
Golfclubs . . . R. Bingham Scott.

IV

Der Rosario Club stinkt vor Geld, aber er verkündet das nicht marktschreierisch. Von außen sieht das Clubhaus sogar etwas verfallen aus, als ob es auf den Abtransport ins Museum warte.

In den Gängen liegen Schaumgummimatten, auch noch in der Bar und im Kasino. Der Reichtum beginnt im Tanzsaal. Versiegeltes Parkett, knietiefe Teppiche. Ich schätzte, daß eines dieser knietiefen Dinger etwa vier meiner Aufträge wert ist.

Den Dienstag hatte ich damit verbracht, ein Büro und einen Telefonantwortdienst ausfindig zu machen. Meine Bemühungen um einen Job (einen herkömmlichen) hatten schnell Erfolg. Ich war ab sofort der Vertreter von Halwell und Davis, Pharmazeutika.

In meinem Beruf muß man immer ein gutes Aushängeschild haben. Wenn möglich, sollte man damit viel Geld verdienen und noch mehr Leute kennenlernen.

Es gibt kaum eine Arzneimittelfabrik im Mittleren Westen, für die ich noch nicht gearbeitet habe. Und weil ich korrekt arbeite, finde ich jederzeit wieder eine Beschäftigung in dieser Branche. Ich liefere prompt, ergaunere mir keine Spesen und erziele respektable Umsätze – und natürlich gebe ich jeden Cent beim Finanzamt an, den ich verdiene. Von meiner Vertreter-Provision natürlich nur, das andere nicht.

Das wäre eine Schau, wenn ein Finanzoberinspektor eine Steuererklärung vor sich liegen hätte, in der jemand angibt, durch professionelles Killen 50 000 Scheine pro Jahr zu machen.

Später wartete ich im Kasino des Rosario Clubs auf Bing Scott. Ich saß vor meinem dritten Kaffee, als er endlich auftauchte. Eines muß man den Texanern ja lassen: Man kann sie nicht übersehen. Er trug ein rosafarbenes Hemd und eine wildgestreifte Hose, dazu eine Schlägerkappe, an der ein faustgroßes Abzeichen klebte. Er bewegte sich mit der Sicherheit eines Mannes auf mich zu, der dem Club die Teppiche vermacht haben könnte.

»Jeff!« rief er polternd, »fein, daß Sie's geschafft haben! Ich will Ihnen noch mehr Geld aus der Tasche ziehen!«

»Sie brauchen nur zu gewinnen«, entgegnete ich.

»Sie sollten sich mal bemühen, den einen Dreh zu lernen, den ich Ihnen in Las Vegas am fünften Loch gezeigt habe, Jeff, dann stehen Ihre Chancen besser!« meinte er jovial. Dann fiel ihm ein, mich den anderen vorzustellen.

»Das ist mein Bruder Tom«, sagte Bing. »Auf den müssen Sie aufpassen. Er schafft sein Handicap vor uns allen.«

Wir gaben uns die Hand, dann fuhr Bing fort: »Und das hier ist Jerry Mulloy. Er ist durch und durch ein Ire – und ebenso jähzornig.«

Mulloy war nicht so groß wie Tom Scott, aber er wog bestimmt zwanzig Pfund mehr, ohne dick zu wirken. An Mulloys Art zu gehen sah man, daß seine Pfunde wie elastischer Stahl waren, und als er mir die Hand reichte, drückte er meine Flosse mit texanischer Begeisterung, an die ich noch lange zurückdenken werde.

»Okay, dann kommt, Leute«, polterte Bing, »damit wir endlich zum Spiel kommen.«

»Wie spielen wir?« fragte Mulloy.

»Wie immer«, antwortete Bing.

»Und was ist wie immer?« fragte ich.

»Fünfundzwanzig für jedes Loch«, antwortete Tom Scott. »Dadurch kommt Leben in die Bude.«

»Himmel!« sagte ich. »Ihr wollt mich wohl schon am ersten Tag ausnehmen. Na ja, was soll's, es gibt wichtigere Dinge als Geld auf dieser Welt.« Ich bemühte mich, ihnen das selbstsichere Grinsen nachzumachen, als ich aufstand und ihnen zu den Schließfächern folgte, wo sie ihre Schläger hatten.

»Verdammte Schweinerei!« explodierte Bing. »Hat man Ihnen kein Schließfach gegeben, Jeff?«

»Ich hab' auch nicht danach gefragt«, sagte ich.

»George!«

Der farbige Helfer kam angerannt, als hätte man ihm seine Fußsohlen in Brand gesteckt.

»Das ist ein guter Freund von mir«, sagte Bing. »Er wird ein paar Monate hierbleiben. Sieh zu, daß er ein Schließfach bekommt. Und kümmere dich um ihn. Eine Mitgliedskarte werden wir später für ihn ausstellen.«

»Yessir, Mr. Bing.«

»Wir machen jetzt ein Spiel. Sieh zu, daß alles fertig ist, wenn wir zurück sind, hörst du?« Er drückte einen Schein in die dunkle Hand und erntete ein blendendes Lächeln.

»Yessir, Mr. Bing.«

Ich mußte still in mich hineinlachen. Soviel Glück durfte es doch gar nicht geben! Hier, in diesem stinkvornehmen Laden, würde ich Leute treffen, die mich alle als ihresgleichen behandelten.

An diesem Tag spielte ich nicht gut Golf. Am vierzehnten Loch lagen Mulloy und ich gleichauf, während die beiden anderen uns voraus waren. Wir unterhielten uns über belanglose Dinge, aber plötzlich sagte er etwas, was meine Aufmerksamkeit erregte.

»Sind Sie verheiratet?« fragte er.

»Nein – bis heute ging es mir zu gut.«

»Sagen Sie das nicht, bis Sie es mal versucht haben«,

meinte er schnell, »es ist schon 'ne ganz vernünftige Sache für einen Mann.«

Wenn ein Mann so etwas einem Fremden einzureden versucht, dann können Sie Ihr Haus verwetten, daß er es sich selbst einreden möchte. Dann sucht er etwas in seiner Ehe, das gar nicht vorhanden ist. Leute betonen nur dann immer wieder, wie glücklich sie sind, wenn sie ihrer Sache nicht so sicher sind.

V

Eine Woche später erfuhr ich genau, wie wenig Mulloy von seiner »guten Ehe« überzeugt sein konnte. Wir hatten schon ein paarmal mit den Brüdern Scott Golf gespielt, ich hatte meist ein paar Dollars verloren, weil ich merkte, wie nötig Mulloy den Sieg im Golfspiel brauchte. Er brauchte jemand, der ihm sagte, was für ein toller Kerl er war. Es war offensichtlich, daß Eve Mulloy ihrem Mann das nicht sagte.

Sie war groß und sah gut aus. Sie hatte einen Blick, der einen glauben ließ, sie halte ständig eine Peitsche bereit, die einem jeden Augenblick in das Fleisch seiner Schultern beißen könnte.

»Fein, Sie kennenzulernen, Mr. Allen«, sagte sie kühl, als Jerry uns an der Bar vorstellte. »Jerry hat mir schon gesagt, daß Sie ein verwegener Golfspieler sind.«

»Aber nicht verwegen genug«, gab ich zurück, »er hat schon mehrmals in meine Taschen greifen können, und ich bin erst eine Woche hier.«

Sie stellte ihr Glas mit dem Gin-Tonic hin und gab mir ihren Peitschen-Blick, während sie Jerry wie einem Kind übers Gesicht streichelte. »Typisch Jerry«, sagte sie maliziös, »wahrscheinlich hat er jetzt genug Geld zusammen, um mir ein neues Coupé zu kaufen.«

Ich konnte mich nicht zurückhalten. Sie war einfach der Typ, dem ich so kommen mußte: »Ist der Aschenbecher in dem alten schon voll?«

Ich hatte nicht gewollt, daß es gar so sarkastisch herauskam. Sie erholte sich schnell. Sie gab mir einen Blick, den ein Pfandleiher auf einen heißen Goldring werfen würde.

»Dein Bekannter hat Leben in sich«, sagte sie zu Jerry, »ich hoffe, daß er mit uns zu Mittag ißt.« Ihr Gesichtsausdruck verriet, daß es ihr Spaß machen würde, mich auseinanderzunehmen.

Jerry schnappte das Stichwort wie ein folgsamer Ehemann auf. »Natürlich tut er das gern, wenn er sonst nichts vorhat. Wie steht's, Jeff?«

Ich holte umständlich meinen Terminkalender aus der Tasche und sah auf die Uhr. »Ich habe erst gegen 14.30 Uhr einige Anrufe zu machen«, sagte ich. »Vielen Dank für die herzliche Einladung.«

Jerry ging vor und suchte einen Tisch aus. Wir bestellten, und nach einer Minute brachte der Kellner die beiden trockenen Manhattan, die Jerry und ich trinken wollten. Jetzt erst fiel Eve Mulloy ein, daß sie auch noch etwas zu trinken haben wollte.

»Noch einen Gin-Tonic, bitte, Jerry.«

»Okay, ich ruf den Kellner.«

»Nein. Das dauert ja eine Ewigkeit. Sei ein braves Schaf, geh zur Bar und hol mir einen Drink.«

Jerrys Gesicht rötete sich, aber ergeben stand er auf und trottete zur Bar.

»Mögen Sie meinen Mann?« fragte sie und blickte mich mit ihren jadegrünen Augen an.

»Halten Sie die Frage für fair?«

21

»Er ist ein muskelbepackter, langweiliger Tropf«, sagte sie sanft. »Aber irgendwie ist er nett.«

»Und reich.«

»Reich ganz gewiß«, sagte sie sofort. »Nichts macht ihm größeren Spaß, als mir immer und immer wieder zu sagen, wie reich er ist.«

»Und Sie glauben, daß es richtig ist, mir das alles zu erzählen?«

»Das ist mir völlig schnuppe. Sie führen doch irgendwas im Schilde, sonst würden Sie das Muskelpaket doch nicht so anhimmeln.«

»Wissen Sie, Mrs. Mulloy, ich spiele Golf mit Ihrem Mann, das ist alles. Er kann mir nichts abkaufen, selbst wenn er wollte. Ich verkaufe Medikamente, und zwar nur an den Großhandel.«

Sie hatte sich eine Zigarette angezündet, während ich gesprochen hatte, das war ihre Art, mich wissen zu lassen, daß ich sie langweilte. »Oh«, sagte sie weich, »ich dachte, Sie sind Zeitschriftenwerber. So von Tür zu Tür.«

»Au, au!«

»Ach, du lieber Gott«, sagte sie, gespielt entsetzt, »ich fürchte, jetzt habe ich Sie beleidigt. Der kleine Jerry wird mir nie verzeihen, daß ich seinen Spielgefährten unglücklich gemacht habe.«

»Das werden Sie ihm doch ohnehin nicht erzählen.«

»Seien Sie nicht so überzeugt davon, Mr. Allen. Ich sage Jerry viele Dinge, die ihn unglücklich machen. Wissen Sie, ich bin ein Aas.«

Jetzt hatten wir die Fronten abgesteckt. Wir hatten uns ziemlich unverblümt gesagt, was wir voneinander hielten.

Ihr Lächeln hatte nichts Mädchenhaftes. Sie lächelte wie halbstarke Gangster, die ihr Opfer gefesselt haben und nun mit gezückten Klingen vor ihm herumtanzen.

Jerry kam zurück.

»Weißt du, Jerry, Lieber«, sagte sie kokett, »ich mag deinen Mr. Allen. Hast du ihn schon zum Tanzabend nächsten Samstag eingeladen?« Sie schaute mich an und schürzte ihre vollen Lippen. »Ich bin sicher, daß er den jungen Mädchen des Clubs den Kopf verdrehen wird.«

Das Treffen mit Eve Mulloy war eine Offenbarung für mich gewesen. Zuerst mußte ich sie zur Weißglut treiben mit Dingen, die ich entweder sagte oder tat. Wenn sie dann noch unausstehlicher wurde, konnte Jerry unter seinen vielen Muskeln vielleicht doch soviel Mumm entdecken, eine Entscheidung über seine Ehefrau zu treffen.

Ohne es zu wissen, würde Eve ihren Mann in meine Hände treiben. Es wäre zuviel, von ihr zu verlangen, eine normale Ehefrau zu sein. Sie mußte einfach die Peitsche schwingen.

Eines schien mir wichtig: Ich mußte ihr zeigen, daß sie keinen Eindruck auf mich machte. Wenn ich ein Mädchen fand, das sie in den Schatten stellte, würde sie auf den Ball ziemlich gehässig reagieren.

Aber es war nicht leicht, so ein Mädchen zu finden. Heute war Mittwoch. Es mußte ja auch ein Mädchen sein, das sich im Rosario Club benehmen konnte und das vom Rosario Club akzeptiert wurde.

An diesem Nachmittag hatte ich drei Termine. Die ersten beiden liefen planmäßig ab, so daß ich noch Zeit für einen Kaffee hatte, bevor ich zu Williard Carter mußte, dem Direktor vom »White Way«.

Ich fuhr zum Ballinger Boulevard, wo Williard Carter sein Office hatte. Unten im Drugstore trank ich meinen Kaffee. Da sah ich zum erstenmal das Mädchen, das Eve Mulloy in den Schatten stellen konnte. In jedem Falle war das Mädchen jünger, und wenn sie nicht schöner war, dann aber doch ebenso schön wie Eve Mulloy. Und sie sah nach Geld aus. Das stellte ich fest, als ich auf ihre Füße schaute.

Seltsam, die meisten Männer stufen das Bankkonto einer Frau nach ihrer Kleidung oder den Juwelen ein. Ich nicht. Frauen wissen, daß man ihnen auf die Figur schaut, und nur die wirklich Reichen können sich erlauben, teure Schuhe anzuziehen.

Der Mann hinter der Theke war dem Mädchen so behilflich, daß ich vermutete, sie hätte irgend etwas mit dem Laden zu tun. Er schenkte ihr Kaffee ein und kam dann hinter der Theke hervor, um ihr die Tasse zu einem Tisch zu bringen.

»Bitte schön, Miß Carter«, sagte er und verbeugte sich, wie man es im Romanoff, aber nicht in einem texanischen Drugstore erwartet.

Für mich lag der Fall klar. Diese Frau, gut gebaut, schlanke Fesseln wie eine professionelle Eiskunstläuferin, feste Brüste, die rein optisch von einem tiefen »V« des weißen Leinenkostüms getrennt wurden, mußte die Tochter von Williard Carter sein, mit dem ich in zehn Minuten verabredet war.

Jetzt mußte ich eine Möglichkeit finden, daß ich sie offiziell kennenlernte. Mädchen dieser Klasse spricht man nicht an. Wenn ich sie dazu bringen könnte, zu ihrem Vater zu kommen, wenn ich gerade bei ihm saß, müßte er sie mir vorstellen. Ich schaute auf meine Uhr und stand auf. Vielleicht war sie gekommen, um ihren Vater abzuholen, vielleicht hatte sie ihn auch gerade schon besucht, vielleicht hatte sie auch gar nichts mit ihm zu tun.

Ich fand das Cabrio, mit dem sie gekommen war. Mann, das war ein Glück. Wie ich wußte, daß es ausgerechnet ihr Auto war? Ein Brief lag auf dem perlgrauen Ledersitz des Cadillac.

Miß Charlene Carter, laß ich. Okay, Miß Carter, Ihr Auto wird Ihnen ein bißchen Ärger bereiten.

Ich tat so, als wollte ich meine Schnürsenkel binden, bückte mich hinter den Caddy und schob ein paar Papiertaschentücher, die ich vorher im Springbrunnen naß gemacht hatte, in den Auspuff. Dann ging ich zu Williard Carter.

Es klappte. Wir saßen vielleicht zehn Minuten zusammen, als sie ins Büro geflogen kam.

»'schuldige, Dad«, sagte sie, »aber das Auto springt nicht an. Vielleicht . . .«

Carter lud uns zum Essen ein, nachdem ich den »automatischen Choke« repariert hatte. Als ich mich verabschiedete, hatte ich einen dicken Auftrag und – viel wichtiger – eine Verabredung mit Charlene für den Ball im Rosario Club am Samstag in der Tasche.

VI

Ehrlich, ich habe nichts dazu getan, aber Freitag war für mich ein toller Tag. Ich saß in meinem Zimmer und überlegte eine Todesart für den Fall, daß Jerry Mulloy meine Dienste für seine Frau Eve in Anspruch nehmen würde. Das mit dem Radio konnte ich nicht mehr machen, obwohl es einfach und sauber und ich etwa 2000 Meilen von Seattle entfernt war.

Trotzdem, in meinem Geschäft darf man nicht sorglos sein. Der zufälligste Hinweis auf eine Übereinstimmung könnte schon tödlich sein. Mein Geschäft verlangt viel Nachdenken. Es ist nicht so einfach, einen hundertprozentig sicheren Unfall zu arrangieren.

Viele Möglichkeiten scheiden aus. Die geringste Spur

von Gift würde mich schon verraten, allein schon wegen meines Nebenberufs. Ich muß entweder gewalttätig werden oder ein eisernes Alibi haben. Fälle, in denen ich Gewalt anwenden kann, sind mir die liebsten, weil ein Alibi, so sicher es auch sein mag, immer platzen kann. Da braucht der Ehemann oder der Junge, der »Mama sterben lassen will«, nur umzufallen.

Der kleine Zwischenfall mit Charlene Carters Auto ließ mich an einen Autounfall denken. Ich mußte mehr über Eves Fahreigenschaften herausfinden.

Ich verließ mein Zimmer, um im Rosario Club schwimmen und essen zu gehen.

Auf dem kurvenreichen Weg zum Club fuhr ich an einem Schild vorbei, dem ich zunächst keine Beachtung schenkte:

GEFAHR
Auf 2 Meilen bitte keine
Autoradios laufen lassen!

Dann stoppte mich ein Wachtposten mit einer Fahne. »Was ist los?« fragte ich.

»Nichts. Wenn Sprengung vorbei, *senor* kann fahren«, sagte der Mexikaner grinsend.

Sie bauten da oben eine Umgehungsstraße, das hatte ich schon vorher gesehen. Ein gelb-rot gestrichener Jeep fuhr auf einen Hügel zu. Der Fahrer sprang heraus und nahm einen kleinen Kasten mit. Er sah sich noch einmal um, dann drückte er auf einen Knopf.

Zwei oder drei Sekunden später kam der Donnerschlag. Der Hügel war nicht mehr da, Felsbrocken flogen durch die Luft. Wenige Augenblicke später kämpften sich bereits zahlreiche Bulldozers, Unimogs, Raupen und Lastwagen wie Ameisen durch den Staub, um den Schuttberg anzunagen.

26

»Wie haben die das denn gemacht?« fragte ich.

»Mit Funk, *senor*«, antwortete der hagere Mexikaner. »Sie legen *la dinamita*, dann Mann drücken auf Knopf, und dann . . . *caramba!*« Er gestikulierte mit beiden Händen in der Luft. »Sie jetzt fahren«, sagte er.

Ich fuhr an, etwas langsamer. Daran hatte ich noch nicht gedacht. Es könnte mal nützlich werden, mehr darüber zu wissen.

Ich blieb nicht lange in den Clubräumen. Es war zu heiß. Ich duschte den Schweiß ab und ging ins Schwimmbecken. Mann, das tat gut. Einmal hin, einmal zurück, dann kam ich hoch und schnappte nach Luft.

Die Beine sah ich zuerst – lange, braungebrannte Beine, verführerisch. Mein Blick stieg höher, verließ das schwarze Samtkleid und traf das Gesicht von Eve Mulloy.

»Sie haben gewonnen«, sagte sie mit einem mysteriösen Unterton in der Stimme.

Ich kam aus dem Wasser. »Was habe ich gewonnen?«

»Den Vorzug, mir einen Drink zu kaufen. Vormittags ist es mordslangweilig hier.«

»Dann soll ich wohl ein braves Schaf sein und den Drink an der Bar holen?« Meine Stimme hörte sich genauso gehässig an wie das, was ich gesagt hatte.

»Nein, wir rufen den Kellner. Kommen Sie, wir setzen uns hin.« Sie ging auf einen sonnenbeschirmten Tisch zu.

Ich sah mich um. Außer dem Bademeister und zwei oder drei Kunden war niemand hier. Wir ließen uns in einer Hollywood-Schaukel nieder. Eve lehnte sich zurück, drückte auf einen Bedienungsknopf und schenkte mir ihr Panther-Lächeln. Das Mulloy-Geld, nicht zu vergessen ihr Aussehen in dem Badeanzug, brachte zwei Kellner an unseren Tisch, die um die Ehre buhlten, die gnädige Frau bedienen zu dürfen.

»Zwei Gin-Tonic, bitte«, sagte ich dem ersten. Der zweite, der um wenige Sekunden geschlagen war, nahm das mit einem traurigen Gesichtsausdruck zur Kenntnis.

Sie wartete, bis die Drinks serviert waren und ich die Rechnung unterschrieben hatte, bevor sie etwas sagte:

»Wo kommen Sie her?« fragte sie. »Und wie, glauben Sie, können Sie meinen Mann von seinem Geld trennen?«

Ich zündete mir zuerst eine Zigarette an, bevor ich antwortete. »Das habe ich Ihnen doch schon gesagt. Ihr Mann kann mir nichts abkaufen. Sein Geld kann ich höchstens im Spiel gewinnen – und er hat mehr Glück als ich!« Als ich das sagte, ließ ich meinen Blick an ihrem Körper auf und ab wandern. Sie verzog keine Wimper.

»Das stimmt nicht«, sagte sie. »Er hat zwar viel Geld und viele Leute, die ihm ständig sagen, was für ein toller Kerl er ist, aber mehr wird er nie haben: Alles, was man mit Geld kaufen kann, mehr nicht.«

»Sie auch?« fragte ich. Sie war der Typ, der die Widerwärtigkeiten in mir hervorholte, die meist schlummerten.

»Ja«, sagte sie flach. »Ich bin seine Lieblingstrophäe. Wenn er könnte, hätte er mich ausgestopft über dem Kamin hängen.«

»Es hört sich so an, als durchliefen Sie im Augenblick eine weinerliche Phase.«

»Ich weine nie, kleiner Mann. Ich spucke.«

»Und das läßt er sich gefallen?«

»Ja, das läßt er sich gefallen. Was soll er auch sonst tun?«

Unvermittelt fragte ich: »Wer war's eigentlich zuletzt? Der Chauffeur oder der Gärtner?«

»Sie sind ein Scheusal, Allen.«

Ich hob mein Glas. »Dann sind Sie aber meine Großmutter.« Ich trank aus. »Haben Sie Lust zu schwimmen?«

Gemütlich kraulte ich durch das Wasser. Am Ende des Beckens kam sie auf mich zu, griff nach mir. Ihre Lippen preßten sich fest auf meine, gruben sich tief in meinen Mund. Ihre Zunge räkelte sich wie eine Schlange. Meine Arme griffen zu ihren Hüften und zogen sie näher an mich heran. Ihr Knie erwischte mich in der Körpermitte. Mir blieb die Luft weg. Das beißende Chlorwasser bohrte sich in meine Lunge.

Sie schwamm weg. Durch den roten Schmerzvorhang vor meinen Augen sah ich ihre Fesseln, ich griff zu und zog sie zurück. Mit ganzer Kraft zwang ich sie auf den Grund des Beckens, wo ich die Knöchel meiner linken Hand so fest ich konnte auf ihre Kehle setzte.

Ich glaube nicht, daß ich sie hätte töten können, auch wenn der Bademeister nicht gekommen wäre und uns herausgezogen hätte.

Ein paar Minuten später lagen wir auf der Wiese und versicherten allen, daß uns nichts fehle.

»Was ist passiert?« fragte der Bademeister.

Sie antwortete: »Wir sind unter Wasser zusammengestoßen. Ich bekam Angst und hielt mich an Mr. Allen fest. Dann weiß ich nur noch, daß er versuchte, uns hochzuziehen.«

Ein paar Minuten danach verließen wir das Schwimmbad. Langsam trocknete ich mich ab, zog neue Sachen an.

Sie saßen in meinem Auto, als ich zum Parkplatz kam. »Du läßt dir nichts gefallen, von keinem, nicht wahr, Jeff?«

Ich antwortete nicht.

»Komm, wir gehen zu mir«, sagte sie.

»Damit Jerry mich zusammenschlagen kann?«

»Okay, dann gehen wir zu dir.«

VII

Es war ein ziemlich ausgelassenes Fest, wie es zu sein hat, wenn sich die Reichen treffen. In einigen Ecken, die genügend Licht hatten, saßen Männer und spielten Karten. Andere würfelten.

Nach der ersten Stunde trafen sich die meisten an der Bar.

Charlene Carter und ich setzten uns zu den beiden Scott-Brüdern und deren Frauen. Bing hatte seinen jüngeren Bruder klar ausgestochen, was das Aussehen der Frauen anging. Alice Scott war in der Lage, jedes Gespräch verstummen zu lassen, wenn sie in ein Zimmer trat – und das will etwas heißen, wenn man über Vierzig ist. Sie hatte Verstand genug, nichts gegen das grauwerdende Haar zu unternehmen.

Maxine Scott, Toms Frau, war erheblich jünger, aber sie war sehr unsicher, als ob sie nicht einmal genau wüßte, eine Frau zu sein. Zwei Drinks machen eine solche Frau etwas zu lustig, ein wenig zu überzeugt, daß sie die Antwort auf alle Männersehnsüchte wäre.

Sobald wir saßen, bat ich Charlene um einen Tanz. Ich wollte, daß sie in meinen Armen war, wenn die Mulloys kamen. Charlene sah bezaubernd aus, frisch, lebendig. Sie tanzte gut und lehnte sich an mich . . . genug, um vertraut zu wirken, zu wenig, um einen Waldbrand zu verursachen.

»Ich muß Sie noch etwas fragen«, sagte sie plötzlich.

»Und das wäre?«

»Was ich eigentlich hier soll.«

»Gut aussehen und sich amüsieren.«

»Am Mittwoch wußte ich nicht einmal, daß es Sie überhaupt gab.«

»Das ging mir mit Ihnen auch so.«

»Oder soll ich nur dazu dienen, Ihnen bei Papa noch einen höheren Auftrag einzubringen?«

»Spätestens um fünf ist mein Dienst zu Ende. Ich glaube, daß Sie zu wenig Selbstbewußtsein haben. Wenn eine Frau so aussieht wie Sie, würde ich nicht einmal meinen Füller finden, um eine ganze Firmenkette aufzukaufen.«

»Danke. Sie verkaufen heute abend etwas ganz besonders Feines.«

»Was?«

»Ich-Aufwertung. Sie wissen, was eine Frau hören will.«

Die Kapelle unterbrach für ein paar Minuten, um sich an der Bar stärken zu können, so daß mir nichts anderes übrigblieb, als Charlene zum Tisch zurückzubringen. Eve und Jerry waren gekommen, während wir getanzt hatten.

Quer über die Tanzfläche sah Eve mich mit Augen wie Schneidbrenner an, wenn Schneidbrenner grün wären.

Die beiden Mulloys brachten die Vorstellung mit Charme zuwege, was mich etwas überraschte. Eve machte Charlene wegen des raffiniert einfach geschnittenen weißen Kleides Komplimente und nahm Charlenes Gegenkompliment dankend mit einem Nicken entgegen.

Wir bestellten neue Drinks.

Seltsam genug, fingen die Schwierigkeiten nicht durch Eve an. Sie schien zufrieden zu sein, still und zurückhaltend dazusitzen und Maxine Scott zu einem schnellen dritten Drink zu überreden. Er hatte die Wirkung, die ich vorausgesagt hatte.

»Ich möchte tanzen«, sagte die junge Mrs. Scott. Sie krümmte ihren Zeigefinger und streckte ihn dann auf mich aus. »Mit Ihnen!« erklärte sie.

Sie stand bereits hinter mir, bevor ich ein Loch fand, in das ich mich hätte verkriechen können. Ich nickte Charlene eine Entschuldigung zu, bat Tom um seine formelle Einwilligung und führte sie dann zur Tanzfläche.

Die Band spielte das texanische Gegenstück eines Tangos, einen dieser unterlegten Walzer, die diesen verdammt unbestimmten Rhythmus haben. Ich hatte das Gefühl, daß es kein Vergnügen sein würde.

Maxine Scott war durch ihre Drinks genug aufgelockert, um sich an mich zu schmiegen und sich dem Tango-Rhythmus hinzugeben, als hinge ihr Leben davon ab.

»Sie sind ein wunderbarer Tänzer«, schmeichelte sie und umgarnte mich von den Knien aufwärts.

»Danke. Aber Tango liegt mir nicht sehr.«

Ihre Fingernägel gruben sich in meinen Arm ein. »Und stark sind Sie auch.«

Ich biß auf meine Unterlippe. Genau das hatte Eve sich für mich ausgedacht. Wie ich ihr mit Charlene eine Ohrfeige geben wollte, hatte sie Maxine für mich in der Hinterhand gehalten.

»Es ist ziemlich voll hier«, sagte ich, »sollen wir uns nicht lieber wieder setzen?«

»Nein«, kicherte sie, »führen Sie mich zur Bar und kaufen Sie mir einen Drink.«

Aus dem Drink wurde eine kleine Orgie, höllisch langweilig und meine kostbare Zeit auffressend. Sie flirtete mit Männern, denen sie im nüchternen Zustand nicht einmal eine Kopfschmerztablette hingehalten hätte.

Dreimal versuchte ich, sie zum Tisch zurückzuschleppen. Dann wurde ich beinahe brutal. Ich packte sie am Arm und führte sie zurück.

Tom Scott hatte die Abwesenheit seiner Frau ausgenutzt. Er war weg. Jerry Mulloy zeigte seine vor Kraft strotzenden Muskeln auf dem Tanzboden, wo er sich mit Charlene die Zeit vertrieb. Eve war auch weg.

Sobald ich Maxine zurückgebracht hatte, entschuldigte sie sich und ging zu einem anderen Tisch, um mit Bekannten zu tratschen. Alice Scott warf mir einen wissenden Blick zu und rief dem Kellner zu, mir was Neues zu trinken zu bringen. Ich wollte unbedingt an die frische Luft, aber da saß ich schon wieder in der Patsche. Alice und Bing unterhielten sich über die Dinge, die mich über alle Maßen langweilten.

»Bing, sieht Jeff nicht genauso aus wie Paul?«

»Ja, ich glaube schon.« Bing war mehr an seinem Drink interessiert als an dem Gespräch. Das hieß, daß ich Konversation betreiben mußte.

»Paul?« fragte ich. »Ist das jemand, den ich kennen sollte?«

Ihre Stimme war trauererfüllt, als sie antwortete: »Unser Sohn. Wir verloren ihn vor zwei Jahren bei einem Flugzeugunglück.«

»Das tut mir leid.«

»Sie sind natürlich älter. Paul war sechsundzwanzig.« Ihr Gesicht klärte ein wenig auf. »Und er kam auch bei Frauen an.«

»Das sieht man schon an der Mutter, die er sich ausgesucht hat«, sagte ich, weil ich ein höflicher Mensch bin. Ich sah, wie das Kompliment bei ihr ankam. So hart wollte ich mich nun auch wieder nicht ins Zeug legen. Aber ich kam nicht mehr dazu, etwas Abschwächendes hinzuzufügen.

»Warum tanzen Sie nicht mal mit Alice, Jeff?« fragte Bing.

»Es macht keinen Spaß, mit mir über den Boden zu hopsen.«

Da saß ich also wieder fest. Wir bewegten uns langsam auf der Tanzfläche, denn die Kapelle war wohl auch etwas müder geworden. Sie spielte jetzt etwas Weiches, was Frauen hilft, wenn sie gefühlsduseln. Sie legte eine Hand auf meine Schulter. Ihre warme Stimme, die in mein Ohr säuselte, wollte nicht versiegen. Sie erzählte von tausend Dingen, das meiste sagte verschlüsselt, daß sie einsam war. Ich brachte sie so schnell, wie es die Höflichkeit zuließ, zurück zum Tisch, entschuldigte mich, daß ich frische Luft schnappen müßte und ging hinaus.

Ich trat auf die Terrasse und blickte auf den Golfrasen zwischen dem 18. und 19. Loch. Die Nacht war klar und frisch, besonders nach der stickigen Luft im Clubhaus. Ich nestelte eine Zigarette aus der Packung. Bevor ich sie anstecken konnte, hörte ich Stimmen von der Bank unter der Terrasse.

Eves Lachen klang tief und kehlig. Tom Scott war bei ihr.

»Sie ist 'ne Schlampe, Tom, was?«

»Mein Gott, Eve, warum müssen wir immer über meine Frau reden?« gab Tom Scott unwillig zurück.

»Weil du keinen Mumm hast, Kleiner. Wenn du ihn hättest, wäre sie jetzt in Reno.«

»Das haben wir schon hundertmal besprochen. Ich kann aber im Augenblick nichts unternehmen. Ich muß den richtigen Zeitpunkt abwarten.«

»Und der kommt nie, nicht wahr, Tom? Nicht, solange sie ihre Finger auf dem Geld hält.«

»Mir wird schon was einfallen, Darling.« Es klang fast wie ein Jammern. »Das kannst du mir glauben – du mußt mir vertrauen.«

Sie lachte in sein Gesicht. Nicht laut, aber schneidend.

Ich dachte nach. Bisher hatte ich Tom Scott nicht als

potentiellen Kunden angesehen. Jetzt hatte ich schon zwei Männer, die einiges darum geben würden, tote Frauen zu haben: Jerry Mulloy und Tom Scott.

Mein Weizen blühte.

Ich ging in den Ballsaal zurück. Jerry Mulloy muß mich eintreten gesehen haben, denn er brachte sofort Charlene zu mir. Als er feststellte, daß seine Frau Eve nicht da war, um seine triumphale Rückkehr zu erleben, verdunkelte sich sein Blick.

Charlene ging sich frisch machen. Alice und Maxine saßen allein am Tisch. Ich ging mit Jerry zur Bar.

»Wo ist sie?« fragte er.

»Keine Ahnung«, sagte ich. »Vielleicht in der Garderobe.«

Jerry war angeheitert genug, um sich etwas gehenzulassen. »Ich glaub's nicht«, sagte er. »Wahrscheinlich ist sie hinter einem armen Kerl her, der nicht weiß, auf was er sich da einläßt.« Er schlug plötzlich mit der Faust auf die Bar. »Ich will noch was zum Trinken.« Der Barkeeper beeilte sich, Jerrys Forderung nachzukommen.

»Haben Sie schon mal so 'ne Frau gesehen?« fragte Jerry. Es hörte sich noch nicht betrunken an, aber der starre Ausdruck in den Augen deutete an, daß es nicht mehr lange dauern würde.

»Nein«, gab ich ehrlich zu. »Ich glaube, es gibt nicht viele wie Eve.«

»Das will ich hoffen!« Er grabschte sein Glas mit dem doppelten Scotch und goß den Inhalt in einem Zug hinunter. »Noch mal«, sagte er. Das wiederholte sich zweimal.

Dann schaute er mich an und sagte klar und deutlich, damit ich nur ja kein Wort versäume oder mißverstehe: »Eine von ihrer Sorte ist genau eine zuviel!« Er sagte es mit einem Gesicht, das man sonst nur macht, wenn man sich in den Finger geschnitten hat oder am Strand in eine Languste getreten ist.

»Wenn's so schlimm ist, Jerry, warum lassen Sie sich dann nicht scheiden?«

Er überlegte nicht lange, bevor er antwortete: »So einfach, was? Sie haben ja keine Vorstellung davon, was eine Frau wie Eve alles anstellen würde! Ich käme glimpflich ab, wenn ich noch das Fahrgeld zum nächsten Wohlfahrtsamt in der Tasche hätte. Mann, die würde es mir schon zeigen.«

»Vielleicht auch nicht – wenn man sie so weit bringt, daß sie von selbst geht.«

»Wissen Sie, wann das Luder zuerst geht? Wenn man sie rauswirft.«

»Ach, so schlimm wird's wohl nicht sein, Jerry«, tröstete ich.

Er drehte sich auf dem Barschemel halb um und blickte mich an. Er klopfte mir in einer Geste der Hoffnungslosigkeit auf die Schulter. »Sie ahnen ja nicht, wie schlimm es ist.«

Ich überlegte angestrengt und wollte ihm einen Floh ins Ohr setzen. Wissen Sie, Jerry, es gäbe da . . .«

Weiter kam ich nicht, denn ich sah, wie er abgelenkt wurde. Ich blickte in die gleiche Richtung wie er.

Durch die Tür kamen Tom und Eve.

Jerry machte eine verzweifelte Drehung auf seinem Barschemel, verpaßte aber den Abgang, stolperte, griff ins Leere und fiel in eine Gruppe, in der eine tief dekolletierte Blondine den Ton angab.

Jerry Mulloy kam aus eigener Kraft nicht wieder hoch.

Außer der leichtgeschürzten Blondine geriet niemand in Aufregung.

Tom Scott und ich hoben Jerry auf und brachten ihn hinaus, zu den Toiletten, und dort nahmen ihn zwei Wärter in Empfang. Sie sahen aus, als ob sie sich wunderten, daß nicht schon eher die ersten Schnapsleichen bei ihnen abgegeben worden waren.

Ich war ein paar Minuten mit Tom allein.

»Ich finde das nicht fair von Ihnen, Tom«, bemerkte ich ruhig.

Er sah mich an, als hätte ich ihm einen Kinnhaken versetzt. »Was meinen Sie?«

»Eve. Wissen Sie nicht, wie eifersüchtig Jerry ist?«

»Ich weiß nicht, wovon Sie reden.« Er lehnte sich gegen die Wand im Flur des Toiletten-Vorraums. In seinem Gesicht stand geschrieben, daß er sehr wohl wußte, worauf ich angespielt hatte.

»Dann war das wohl eine Teeparty da unten auf der Bank?«

»Sie . . .« Er stieß sich von der Wand ab und stürzte auf mich zu. Ich machte einen schnellen Side-Step, gab ihm genügend Zeit, sich zu drehen und rammte meine ausgestreckten Finger in seinen Solar Plexus. Er sackte zusammen. Um auf Nummer Sicher zu gehen, trat ich schnell hinter ihn, zog ihn zur Wand und drehte seine rechte Hand auf den Rücken, gerade so fest, daß er es spüren konnte.

»Ich möchte Ihnen nicht den Arm brechen«, sagte ich sanft. »Ich bin nämlich auf Ihrer Seite. Ich kann es nicht haben, wenn Leute gebunden sind, wenn so etwas wie Eve auf einen wartet. Aber Sie müssen vernünftiger handeln. Sie müssen noch sehr vernünftig werden, wenn wir zusammen ins Geschäft kommen sollen.«

Nach einigem Stöhnen fand er die Sprache wieder.

»Was, zum Teufel, meinen Sie eigentlich?« keuchte er. »Ich möchte mit Ihnen keine Geschäfte machen.«

»Warum, Tom? Weil der richtige Zeitpunkt noch nicht gekommen ist?«

»Dreckiger Lauscher«, sagte er.

Ich verstärkte den Druck auf seinen Arm ein wenig. »Nicht mal«, sagte ich. »Ich habe nicht aus Zufall gelauscht. Ich hatte schon vom ersten Tag an die Vermutung, daß Sie und Eve was zusammen haben. Und jetzt lassen Sie mich ein paar Minuten mit Ihnen reden.«

Sein Widerstand war gebrochen. Ich ließ seinen Arm los. Einen Augenblick lang glaubte ich, der Kerl finge an zu weinen.

»Sie wollen Eve«, sagte ich. »Und Sie wollen Maxines Geld. Sie können Jerry Mulloy auf dem freien Markt nicht überbieten – nicht ohne das Geld Ihrer Frau Maxine.«

Sein Gesicht wurde rot. »Wovon reden Sie?« fragte er schwach.

»Von einer Möglichkeit, an das Geld und an Eve heranzukommen.«

Es dauerte lange, bis er protestierte. Er war tief beeindruckt, und wir wußten es beide.

»Sie haben auch schon darüber nachgedacht«, sagte ich ruhig. »Aber Sie sind ein Narr wie alle Leute, die dieses Problem mit sich herumschleppen. Sie brauchen einen Spezialisten, der sich des Problems annimmt.«

Er stand da, offenen Mundes und mit glasigen Augen. »Wir können später noch darüber reden«, sagte ich. »Rücken Sie jetzt Ihr Gesicht zurecht, damit Sie weiter an dem Fest teilnehmen können.«

An der Intensität des Festes hatte sich kaum etwas geändert. Es war lauter als vorher, rauchiger, hektischer, ausgelassener. Maxine flirtete an der Bar mit zwei Männern und kippte Likör in sich hinein. Ich sah, wie Tom, merklich angewidert, in eine andere Richtung blickte. Wir gingen an den Tisch. Eve saß da, mit Bing, Alice und Charlene, die lustlos mir ihrem leeren Glas spielte.

»Das ist ja ein ganz schöner Abend«, sagte ich.

»Ja.« Die Stimme klang spröde. Ich fragte mich, was Eve ihr wohl erzählt hatte.

»Es tut mir leid, daß ich so lange weg war, aber ich mußte mich um Jerry kümmern.«

Eve glänzte wie ein polierter Stein. »Sie waren sehr freundlich. Vielen Dank, daß Sie unseren Namen beschützt haben.« Die Gehässigkeit in ihrer Stimme war nicht zu überhören, auch für Charlene nicht.

Charlene durchbrach die angespannte Atmosphäre, die sich an unserem Tisch gesammelt hatte. »Da Sie endlich da sind, möchte ich auch mal mit Ihnen tanzen, Jeff.«

Ich war froh, daß sie uns da herausgeholt hatte. Ich nahm sie in meine Arme. Jetzt war das Parkett nicht mehr so besetzt wie am frühen Abend.

»Was ist mit Ihnen und Mrs. Mulloy?« fragte sie, nachdem wir gerade ein paar Schritte getanzt hatten.

»Nichts. Ich kenne sie ja kaum.«

»Warum hackt sie denn so auf Ihnen rum?«

»Tut sie das?«

»Und wie!« sagte Charlene. »Ich mochte es nicht. Ich habe auch gesehen, wie sie Mrs. Scott auf Sie gehetzt hat. Nur mit ihren Augen, das hat ihr mächtig Spaß gemacht.«

»Vielleicht hat sie als kleines Mädchen den Fliegen die Flügel ausgerissen«, sagte ich leichthin.

Sie schüttelte sich. »Kommen Sie . . . können wir hier raus?«

»Natürlich.« Ich führte sie an den paar tanzenden

Paaren vorbei zur nächsten Terrassentür. »Haben Sie Ihr Cape?«

»O nein. Es liegt auf meinem Stuhl.«

»Bleiben Sie. Ich verabschiede mich für Sie mit und bringe das Cape.«

Eve wußte genau, was gelaufen war, als ich auf den Tisch zukam. Sie stand auf und ging in Richtung Toilette. Auf halbem Weg begegneten wir uns. Sie zögerte einen Augenblick, dann blieb sie stehen.

»Eine herrliche Party, du Schwein.«

»Wir haben uns doch nichts vorzuwerfen, meine Liebe.«

Sie ging an mir vorbei und murmelte, kaum merklich für die Umstehenden: »Morgen.«

»Nein«, sagte ich und lächelte. »Ruf an.«

Ich ging zum Tisch, holte das Cape vom Stuhl und verabschiedete mich. Tom Scott wollte auffahren, als ich ihm vorschlug, am Dienstagmorgen zusammen Golf zu spielen, weil ich wußte, daß Bing dienstags nie Zeit hatte. Als Tom zugestimmt hatte, wollte ich schnell weg. Doch ich war nicht schnell genug.

»Denken Sie dran«, rief Alice Scott hinter mir her, »morgen abend sind Sie zum Essen eingeladen.«

Wir verließen das Clubhaus und gingen zum Parkplatz. Wir waren noch keine Meile gefahren, als Eves Coupé an mir vorbeischoß, daß ich das Gefühl hatte, einen Drahtesel unter mir zu haben. Ich fuhr vielleicht fünfundsechzig. Eve mußte mindestens neunzig Meilen fahren.

So wie ich sie kannte, ließ sie ihren ganzen Zorn in den Fuß strömen, der das Gaspedal bediente. Sie fuhr wie eine Wilde. Das konnte wichtig sein zu wissen.

Unten am Berg sah ich, daß sie die letzte Kurve ohne Schwierigkeiten nahm. Irgendwie überraschte mich das.

Charlene fragte nach ihrem Cape, als wir ausstiegen, um in einem kleinen Restaurant zu essen. Ich hielt es ihr hin, und sie schlüpfte hinein.

Genau über der linken Brust war ein kleines Loch eingebrannt, das ohne Zweifel von einer Zigarette herrührte.

VIII

Ich nehme an, daß viele Leute froh über die Einladung gewesen wären, am Samstagabend mit Bing und Alice Scott zu dinieren. Mir ging es nicht so. Ich versuchte krampfhaft, nicht an Alice Scott zu denken, aber meine Gedanken kehrten immer wieder zu ihr zurück. Verdammt, diese Alice Scott und ihr einsames Gesicht!

Ich ging in die Küche und schenkte mir einen Drink ein. Es war nicht einmal Mittag an diesem Sonntag. Ich stand da, mit dem Glas in der Hand, und schaute auf den Whisky. Ich starrte unentwegt darauf. Durch die glühende Texas-Sonne, die durchs Fenster fiel, erhielt der Whisky die Farbe von hellblondem Haar.

Das Haar von Alice Scott? Ich mußte sie wiedersehen – ein Gefühl, das ich seit drei Jahren nicht mehr gekannt hatte. Ich schüttelte den Kopf, aber die Gedanken blieben.

Das fallende Glas riß mich endlich aus meinen Erinnerungen. Der Whisky verspritzte aus dem zerbrochenen Glas auf meine Hose und den Boden.

Ich war gerade unter der Dusche, als ich die Türklingel anschlagen hörte. Fluchend schlang ich mir ein Badetuch um und ging zur Tür.

»Einen Moment«, rief ich. Einen Augenblick lang befürchtete ich, es könnte Eve sein. Ich atmete einmal tief durch und öffnete. Jerry Mulloy stand da wie ein begossener Pudel, unausgeschlafen und mißmutig.

»Hallo, Jeff«, sagte er leise. »Haben Sie zu tun?«

»Bin gerade aus der Dusche geklettert. Kommen Sie herein. Holen Sie sich einen Drink oder machen Sie uns einen Kaffee, während ich mich abtrockne.«

»Danke.«

Er kroch herein wie ein geschlagener Hund, der seine Stubenreinheit durchbrochen hat und erneut Hiebe erwartet.

Als ich aus dem Bad kam, deckte ich den Kaffeetisch für uns. Er saß auf dem verchromten Küchenstuhl und schien sich zu überlegen, wie er anfangen sollte. Er machte es umständlich genug.

»Schön haben Sie's hier.«

»Ja, mir gefällt's.«

Er faßte sich an die Nase. »Es riecht hier wie in einer Destille.«

»Ja, mir ist ein Whiskyglas auf den Boden gefallen. Waren Sie schon zu Hause?« Diese Frage war eigentlich überflüssig, aber ich wollte ihn gern daran erinnern.

»Ja, ich war zu Hause.« Seine Stimme klang mißmutig.

Ich goß ihm eine Tasse Kaffee ein und ließ zwei Finger breit für den Brandy frei. Mir schenkte ich das gleiche ein. »Das hält Ihre Augen offen«, sagte ich.

Er hielt die Tasse mit beiden klobigen Händen, aber er rührte den Kaffee nicht an. Ich wollte etwas sagen, aber dann dachte ich, daß es besser wäre, ihn beginnen zu lassen.

»Jeff, warum, zum Teufel, tut sie mir das alles an?« fragte er plötzlich. »Warum will sie mich spüren lassen, daß ich ein Dreck bin?«

Ich brauchte lange, bevor ich antwortete. Er hielt die Spannung nicht aus. Er nahm einen kräftigen Schluck aus der Tasse und verschluckte sich prompt.

»Vorsichtig«, sagte ich, »sonst verbrennen Sie sich.« Ich nahm eine Zigarettenschachtel aus dem Morgenmantel, zündete mir eine an und hielt ihm dann die Schachtel hin. Dann beantwortete ich seine Frage.

»Ich weiß nicht, Jerry, ich weiß es wirklich nicht.« Ich sagte es so langsam, daß er keinen Zweifel daran haben konnte, daß ich es doch wußte.

»Sie nimmt mich auseinander, Jeff, ehrlich, und ich kann mich nicht wehren.«

»Ja«, sagte ich, »das sagten Sie schon gestern abend.«

Er rutschte auf dem Stuhl hin und her, als ich das sagte. »Wirklich? Was habe ich gestern abend gesagt?«

»Ach, wer hört schon so genau hin?« winkte ich ab. »Wir hatten alle zu viel getrunken.«

»Soviel war's nicht, Jeff, das weiß ich. Ich kann mich noch daran erinnern, daß Sie mich gefragt haben, warum ich mich nicht scheiden lasse.«

»Ja, und Sie sagten, daß das nicht ginge, weil Eve Sie ausziehen wird.«

»Ja, genau das würde sie tun.«

Ich schüttelte den Kopf. »Sie machen sich was vor, Jerry. Sie wollen Eve gar nicht los sein. Sie wollen Eve haben.«

»Ja«, flüsterte er. »Ich will sie mehr haben als alles andere. Aber ich habe sie nie gehabt . . . nie wirklich, nicht mal einen Augenblick lang. Sie genießt es einfach, Mrs. Mulloy zu sein. Sie gehört mir nicht, sie gehört niemandem. Sie ist eine Frau ohne Seele.«

Ich erwartete, daß ich jetzt den Beichtvater zu spielen hätte, daß jetzt das große Gejammer seiner Ehe mit Eve, der Frau, die er so gern besitzen würde, anfinge. Aber der Abfallkorb blieb zu.

»Und das glauben Sie wirklich, nicht wahr?« fragte ich.

»Ich weiß es. Sie nimmt mich auseinander, und sie wird nicht aufhören bis zu dem Tag, an dem ich sie umbringe.«

»Nein, Jerry«, sagte ich, »Sie werden Sie nicht umbringen. Sie sind so vernünftig, daß Sie wissen, daß das unmöglich ist. Sie bringen Eve um, und die Polizei bringt Sie um. Dann ist es besser, ihr das Geld zu lassen. Es ist doch kein Geheimnis, wie Eve Sie behandelt, deshalb würde die Polizei sofort bei Ihnen sein, wenn sie stirbt. Und die drehen Sie so lange durch die Mangel, bis Sie froh sind, gestehen zu dürfen.«

»Ich habe schon darüber nachgedacht, Jeff. Ich habe mir vorgestellt, wie es wäre, meine Hände um ihre Kehle zu legen und so lange zuzudrücken, bis sie sich nicht mehr regt, bis sie mir nicht mehr weh tun könnte.«

»Das kann ich mir denken. Wir haben uns alle schon mal vorgenommen, den einen oder anderen in unserem Leben umzubringen. Aber selbst wenn wir schon in die Einzelheiten gegangen sind, so werden wir es doch nie tun. Oder, besser: Sie, Jerry, würden es nie tun. Sie kommen von Eve nicht los.«

»Aber sie ist so ein durchtriebenes Luder«, sagte er. »Sie hört nicht auf, bis sie mich ruiniert hat, bis sie jeden ruiniert hat, den sie kennt.« Er hob die Kaffeetasse und sah mir in die Augen. Eine einzige Schmerzmaske. »Man muß ihr Einhalt gebieten.«

»Hier, Jerry, trinken Sie einen, gipsen Sie sich ein oder werden Sie gelähmt oder tun Sie, was Sie nicht lassen können, aber hören Sie auf, davon zu reden, Eve umzubringen – Sie tun's ohnehin nicht.«

Er sackte auf den Tisch, stützte sich schwer mit den Ellbogen auf. »Ich weiß, daß ich es nicht kann.« Er saß da wie ein geprügelter Hund.

Es war an der Zeit, ihm eine theoretische Möglichkeit vor Augen zu führen.

„Na ja«, sagte ich lachend, »wenn Sie unbedingt wollen, daß Eve stirbt, dann lassen Sie es doch von einem anderen besorgen. Sie müssen zusehen, daß Sie nicht einmal genau wissen, wann genau und wie es geschieht, daß sie aber um diese Zeit herum ein handfestes Alibi haben. Wenn Sie nichts, aber auch gar nichts davon wüßten, dann hätten Sie eine Chance, davonzukommen. Wahrscheinlich würde so ein Job nicht mehr als fünfzigtausend kosten.«

Ich schenkte mir noch einen Drink ein, aber einen leichteren diesmal. Der Fisch an meiner Angel mußte delikat behandelt werden, und dazu brauchte ich meinen ganzen Verstand.

Ich sah, wie er den Gedanken in seinem Gehirn verarbeitete. Als der Gedanke sich schon zu sehr in ihm festgesetzt hatte, floh er schnell in ein anderes Thema.

»Gestern abend muß ich ganz schön durcheinander gewesen sein.«

»Sie wollten Tom Scott einen Schwinger verpassen.«

»Himmel!« explodierte er. »Daran kann ich mich aber wirklich nicht erinnern!«

»Das habe ich mir gedacht. Sie haben den Mund ganz schön voll genommen.«

»Hat das . . . jemand gesehen?« fragte er kleinlaut.

»Nur Eve und ich.«

»Deshalb war sie heute morgen noch schlimmer als gewöhnlich.«

»Schon möglich.«

»Waren die beiden zusammen? Habe ich deshalb angefangen?«

»Ehrlich, Jerry, ich weiß von nichts. Ich habe mit Maxine getanzt, und Sie waren mit meinem Mädchen dran, und dann sind wir beide an die Bar gegangen. Wir haben einen oder zwei getrunken, und dann kamen Tom und Eve herein, und da wollten Sie auf ihn los. Ich weiß nicht, ob die beiden zusammen irgendwo waren.«

Ich brauchte noch einen Pfeil, um ihn wild zu machen, aber ich hatte keinen mehr. Das Telefon klingelte wie ein übersehener Wecker. Ich ging ins Wohnzimmer und hob den Hörer ab.

»Ja?«

»Hallo, du Laus.«

Da war mein Pfeil! Und was für einer! Ich mußte nur höllisch aufpassen, damit er in die richtige Richtung abging. Eves Stimme klang wie sprödes Porzellan.

»Hallo, Eve!« sagte ich mit soviel Fröhlichkeit, wie ich aufbringen konnte. Ich blickte in die Küche. Jerry Mulloy war vor Überraschung auf seine Füße gesprungen.

»Natürlich ist er hier, Eve. Ich weiß nicht, warum Sie an mich gedacht haben. Er ist gerade erst hereingekommen, und wir sitzen zusammen und trinken Kaffee«. Ich hielt den Hörer weit genug von meinem Mund, aber vermied sorgfältig, ihn zu bedecken, als ich mit Jerry sprach.

»Es ist Eve, Jerry. Sie hat schon alle Ihre Freunde angerufen, um Sie zu finden.« Ich sprach wieder in den Hörer. »Einen Augenblick, Eve. Ich gebe Ihnen Ihren Mann.«

»Du bist ein unaussprechliches Schwein«, sagte sie.

Ich gab Jerry den Hörer und war sicher, daß dieser Anruf der letzte Tropfen war, der das Faß zum Überlaufen brachte. Jetzt wußte Jerry, was er zu tun hatte.

Was er zu tun hatte?

Mich als den Mörder seiner Frau zu engagieren.

Ich brauchte nicht zuzuhören, um zu wissen, was jetzt alles auf Jerry herunterkam. Ich ging zur Küche zurück und schenkte mir zufrieden noch eine Tasse Kaffee ein. Jerry blieb etwa fünf Minuten am Telefon.

Wenn er vorher wie ein geprügelter Hund ausgesehen hatte, machte er jetzt den Eindruck eines krepierenden Hundes.

»Sie will mich verlassen«, verkündete er. Seine Stimme klang ungläubig, weit weg von der schockierenden Wirklichkeit. »Sie hat es mir gerade gesagt.«

»Dann können Sie sich ja wegen willkürlichen Verlassens scheiden lassen«, sagte ich. »Das ist doch genau das, was Sie brauchten, oder nicht?«

»Haben Sie eine Ahnung«, gab er verzweifelt zurück. »Sie hat mich in der Hand. Bilder mit 'ner anderen Frau. Schon seit ein paar Jahren.«

»Aua. Das ist ja böse für Sie.«

»Das ist ein gefundenes Fressen für sie. Und ich kann nichts dagegen machen.«

»Es sei denn, sie verunglückt.« Ich sagte das so ganz nebenbei, während ich ihm noch einen Drink eingoß.

»Das könnte ich nicht. Vielleicht, wenn ich es im Affekt machte, aber so, richtig vorgeplant . . .«

»Ich habe Ihnen ja gesagt, wie es sich machen ließe. Sie heuern jemanden an.«

Der Schnaps begann zu wirken. Außerdem stieg sein Zorn. Und dann war er schließlich Texaner, und Texaner sind stolz.

»Diese dreckige Hexe«, sagte er. Er wiederholte es ein paarmal.

Ich sprach ihn noch einmal auf den Unglücksfall an, der seiner Frau zustoßen könnte. Er stützte seinen Kopf in beide Hände.

Als er antwortete, wußte ich, daß er angebissen hatte. Es dauerte vielleicht noch eine halbe Stunde, bevor er es zugab, aber die Sache war perfekt, als er ging. Ich hatte ihm gesagt, daß ich einen kenne, der solche Sachen macht, und weil ich schon so etwas wie ein Freund der Familie wäre, böte ich mich als Mittler an.

Den Preis von fünfzigtausend plus Spesen akzeptierte er sofort. Er gab mir einen Scheck über tausend Dollar, für den Rest vereinbarten wir, daß er in den nächsten Wochen je zwei-fünf beim Golfspielen verlieren würde. Nach einem Monat hätten wir also die zehntausend Vorabzahlung, auf der mein Bekannter, der Killer, bestand.

Als Jerry gegangen war, setzte ich mein Bad fort. Ich kann gut nachdenken, wenn ich von warmem Wasser umgeben bin. Ich fragte mich, ob es wohl zu machen sei, daß Eve und Maxine bei *einem* Unfall ums Leben kämen. Aber die beiden Frauen hatten zu wenig gemeinsam, als daß ein gemeinsamer Unfall glaubwürdig gewesen wäre.

Ich war sicher, daß ich Tom in einer Woche auch so weit hatte, sich gewaltsam von Maxine zu trennen. Ich konnte zwar nicht damit rechnen, daß mir wieder ein so günstiger Zufall wie das Telefongespräch Eves in den Schoß fiel, aber es dürfte mit etwas Geschick keine Schwierigkeiten bereiten, Tom Scott die Vorteile eines Lebens ohne Maxine, mit Eve, vor Augen zu halten. Er kannte sie sicher schon.

Ich mußte mich der beiden Frauen also hintereinander annehmen. Mein erster Job mußte geräuschlos über die Bühne gehen, weder die Polizei noch die Zeitungen durften zuviel Wirbel machen, sonst war mein zweiter Job gefährdet. Es mußte wie ein richtiger, echter Unfall aussehen, kein Selbstmord, nicht der geringste Mordverdacht.

Was wußte ich über die beiden Frauen? Wie konnten sie am logischsten sterben? Ich dachte den ganzen Nachmittag lang über dieses Problem nach.

Es war fast fünf, als mir die Einladung zum Scottschen Abendessen einfiel. Ich mußte mich beeilen, wenn ich nicht mehr als eine halbe Stunde zu spät kommen wollte. Eines hatte Jerry Mulloy mit seinem Besuch erreicht: Ich hatte keine Zeit gehabt, über Alice Scott nachzudenken.

IX

Die Einrichtung bei Alice Scott war mehr als ein Spiegelbild ihrer selbst. Sie hatte sich mit der sanften Behaglichkeit umgeben, die viel Geld kaufen kann.

Weil es Sonntag, der Ruhetag der Demokraten, war, öffnete sie mir die Tür umd empfing mich mit einem Lächeln, das andeutete, daß der Abend jetzt, da ich erschienen war, ein voller Erfolg würde. Ich nehme an, daß dieses Lächeln zur erfahrenen Gastgeberin gehört.

»Jeff!« sagte sie und streckte ihre Hand aus. »Ich freue mich ja so, daß Sie kommen konnten.«

Ich nahm ihre Hand. Sie war so weich und geschmeidig wie alles andere an ihr. »Entschuldigen Sie, daß ich so spät komme. Der Verkehr in der Stadt . . .«

Ihr Lächeln nannte mich höflich einen Lügner. »Natürlich«, sagte sie. »Manchmal ist es wirklich schlimm, nicht wahr? Kommen Sie herein.«

Ich folgte ihr durch vier oder fünf Räume bis zu einem Flur, wo Bing einem farbigen Mädchen einige Anweisungen gab. »Jeff ist da, Darling«, sagte Alice.

Er drehte sich um und hieß mich herzlich willkommen, dann nahm er mich mit zur Bar, wo er zwei Martinis schüttelte. »Mutter und ich sind Ihnen noch ein paar über«, sagte er, »wir haben Sie etwas früher erwartet. Ich wette, daß das blonde Carter-Mädchen dahintersteckt.«

»Ich wollte, es wäre so gewesen, Bing«, gab ich qualvoll lächelnd zurück, »dann hätte es mehr Spaß gemacht. So war es einfach der starke Verkehr auf euren verdammten Straßen.«

»Sie ist wirklich sehr schön«, sagte Alice. »Wie Julie.« Sie sah mich an. »Das war Pauls Mädchen. Ich war sogar ein wenig eifersüchtig auf sie, weil sie so viel Zeit meines Jungen in Anspruch nahm.«

Das merkte ich mir. Sie sagte nicht »unseres Jungen«. Ich fühlte, wie sich mein Magen zusammenzog und kippte schnell meinen Drink hinunter.

»Haben Sie Hunger, Jeff?« fragte Alice.

»Ich könnte ein Pferd verspeisen einschließlich des Sattels. Besonders nach den Kraftmartinis von Bing.«

Sie ging voraus in ein kleines, intim eingerichtetes Eßzimmer. Nur drei Plätze waren gedeckt. Ich hatte ein Gefühl, daß irgend etwas mich hier erwartete, aber ich wußte nicht was. Das Tischgespräch drehte sich um den Ball gestern abend, um meine Art, gut Golf zu spielen und um den unvergeßlichen Paul, ihren Sohn. Das ging soweit, daß ich an mich halten mußte, um Alice nicht ins Gesicht zu spucken, wenn sie auch nur einmal noch einen Satz mit »Paul machte immer . . .« begann.

Nach dem Essen zogen wir uns mit gutem Brandy und leiser Musik – ich glaube, es war Schubert – auf die Terrasse zurück.

»Wie lange sind Sie schon in der Pharmazie-Branche tätig?« fragte Bing, ein wenig zu nebensächlich.

»Ich habe jetzt erst bei Halwell und Davis angefangen. In den letzten zehn Jahren habe ich ein knappes Dutzend Firmen durchgemacht.«

»Ich weiß. Ich habe mich erkundigt.«

Ich wollte aus meinem tiefen Sessel hochkommen. Es

ärgerte mich, daß er Erkundigungen über mich eingeholt hatte, auch wenn ich sicher war, daß er nichts hatte finden können, was mich als mehr als einen Pharmazie-Repräsentanten ausgewiesen hätte.

»Regen Sie sich nicht auf«, sagte Bing langsam. »Ich wollte nur wissen, ob Sie ein guter Verkäufer sind. Das sind Sie. Ja, Sie sind sogar ein überdurchschnittlich guter. Sie können gut mit Leuten umgehen, und sie holen selbst da noch hohe Aufträge, wo Vertreter vor und nach Ihnen versagt haben.«

Ich war immer noch sauer. »Der Job gefällt mir«, sagte ich. »Ich verdiene gut dabei.«

»Nennen Sie dreißigtausend im Jahr viel?« fragte er süffisant lächelnd.

»Da können Sie sich drauf verlassen.«

»Ist es auch«, warf Alice schnell ein. »Du hast nicht mehr Takt als ein Elefant im Porzellanladen, Bing. Warum sagst du Jeff nicht einfach, was du vorhast?«

»Okay«, sagte Bing.

Aber Alice fuhr an seiner Stelle fort: »Bing mag Sie, Jeff. Und er weiß nicht, wie er es anfangen soll, Ihnen mitzuteilen, daß er Ihnen einen Job anbieten will.«

Bing wollte unterbrechen, aber Alice hob eine Hand, um ihn am Sprechen zu hindern.

»Bing braucht einen Mann, der seine Gesellschaft auf Schwung bringt. Er glaubt, daß Sie der richtige Mann für den Verkauf sind. Vizepräsident der Verkaufs- und Entwicklungsabteilung.« Sie setzte sich zurück.

»Well, Mutter, du läßt ja einfach die Katze aus dem Sack«, sagte er. »Ich wollte nur herausfinden, ob Jeff überhaupt an einen Wechsel denkt. Aber jetzt . . . Also gut, Jeff, ich brauche einen jüngeren Mann in meinem Laden. Einen Mann, der so gut ist, daß er überall im Land eine Führungsposition haben könnte.«

Er setzte sich zurück und zündete sich eine Zigarette an. Er versuchte, in meinem Gesicht zu lesen.

Ich sagte nichts. Ich war zu überrascht, um etwas sagen zu können. Ich lehnte mich in meinem Sessel zurück.

»Bing!« rief Alice. »Du mußte ihm sagen, was du mit ihm vorhast!«

»Das kommt noch«, sagte Bing.

»Er will Sie zum Vizepräsidenten ernennen – zunächst nur für den Verkauf, und innerhalb eines Jahres von der ganzen Gesellschaft.«

»Ich kenne die Gesellschaft nicht einmal«, sagte ich.

»AMAL – Öl und Chemikalien«, erwiderte sie. »Sie gehört Bing.«

»Ich dachte, AMAL wäre eine Aktiengesellschaft.«

»Maxine hat zwanzig Prozent, Alice hat zehn, und ich habe den Rest«, sagte er selbstgefällig. »So etwas wie eine Familienaktiengesellschaft.«

Ich ließ die Worte zuerst einmal wirken. AMAL war nicht die größte Firma der Branche. Sie gehörte nicht einmal zu den größten fünf. Aber trotzdem war sie im großen Geschäft.

»Okay, Bing. Sie haben mich neugierig gemacht . . . welche Bedingungen?«

»Verdammt gute. Sie beginnen mit fünftausend im Monat plus Spesen. Wenn wir nach einem Jahr miteinander zufrieden sind, erhalten Sie eine Option auf zehn Prozent der Aktien. Wenn Sie's zehn Jahre aushalten – so lange werde ich wahrscheinlich noch mitmischen –, steht Ihnen die ganze Firma offen, dann gehört Ihnen ein großer Teil der Gesellschaft, die im vergangenen Jahr dreieinhalb Millionen gemacht hat, nachdem die Steuern abgezogen waren.«

Mir wollte kein Wort über die Lippen.

»Sie sind sechsunddreißig. Wenn Sie fünfundvierzig sind, verdienen Sie jedes Jahr eine Viertelmillion.«

»Und«, fügte Alice hinzu, »Sie wären einer von uns.«

»Aber warum ich, Bing?« fragte ich.

»Weil Sie ein Verkäufer sind. Weil ich Ihnen vertrauen kann. Weil ich glaube, daß Sie was aus dem Laden machen können.«

»Aber Sie kennen mich überhaupt nicht«, wandte ich ein.

»Haben Sie eine Ahnung! Sie sind Jeff Allen. Sie sind in einem Keller in der Bronx geboren und aufgewachsen. Sie hatten eine scheußliche Jugend. Sie mußten sich Schritt für Schritt nach oben kämpfen, heraus aus dem Schlamassel. Sie haben sich durchs College katapultiert, daß es eine wahre Freude war. Sie haben die Natur, die ich bewundere. Viele Jungen, ach, was sage ich, auch viele Erwachsene hätten aufgesteckt und wären nie aus den Slums herausgekommen. Ich meine Ihr Zuhause. Ihre Eltern. Aber Sie haben nicht aufgesteckt. Und dann die Sache, damals, als Sie elf waren . . . damals schon hatten Sie das Zeug, das wir heute brauchen, um aus AMAL die größte Firma zu machen, um STANDARD zu zeigen, was 'ne Harke ist. Wir werden es ihnen schon zeigen, Jeff. Wir werden unserer Konkurrenz einen Kinnhaken nach dem anderen geben«, hörte ich Bings Stimme, die mich in die Wirklichkeit zurückholte. »Ich habe mir das Ziel gesteckt, AMAL zur größten Firma unserer Branche zu machen. Dazu brauche ich Männer mit Mumm in den Knochen – Männer wie Sie.«

X

Seltsam, nach Bings Eröffnung reagierte ich offensichtlich genauso, wie er es erwartet hatte. Ich war sprachlos, wie vor den Kopf geschlagen.

Ich habe nicht an jenem Abend zugesagt. Ich mußte darüber nachdenken, aber natürlich war ich dann damit einverstanden. Auf so eine Sache hatte ich mein ganzes Leben lang gewartet. Genug Geld und Macht, um meinen anderen Job aufgeben zu können. Heute weiß ich, daß ich damals Schluß mit meinem alten Leben hätte machen müssen.

Eine Woche lang ließ ich es ruhen, dann sagte ich zu und versprach, bei Halwell und Davis zu kündigen. In einem Monat würde ich bei AMAL anfangen können.

Diese eine Woche des Nachdenkens war die Hölle. Ich mußte mir darüber klarwerden, wie es mit Maxine Scott weitergehen sollte. Ich hatte Tom Scott soviel wie einen Ausweg aus seiner Situation versprochen. Und das Geschäft mit Jerry Mulloy war schon abgeschlossen.

Natürlich hätte ich mich aus der Sache noch heraushalten können, aber ich hatte nun einmal versprochen, mich um die Probleme der beiden Männer zu kümmern.

Ich wußte, daß ich die beiden Morde hinter mich bringen mußte. Bings Angebot änderte daran überhaupt nichts, verlangte nur, daß ich noch sorgfältiger und unauffälliger vorging. Nicht der geringste Verdacht durfte haften bleiben.

Ich hatte nicht mehr viel Zeit zu verlieren. Sobald ich gekündigt hatte, würde Bing mich mit Akten und Vorgängen seiner Gesellschaft füttern, deren Vizepräsident (Abteilung Verkauf und Entwicklung) ich werden sollte.

Am Dienstagmorgen hatte ich bereits einen genauen Plan, wie Maxine beizukommen war. Ich traf Tom Scott auf dem Golfplatz. Er sah ziemlich übernächtig aus. Dienstags ist im Rosario nicht viel los, deshalb waren wir allein auf dem Platz. Wir hatten uns einen elektrischen Caddy mitgebracht, damit wir ungestört blieben.

»Sie sehen ziemlich müde aus, Tom. Haben Sie nicht gut geschlafen?«

»Das wissen Sie sehr genau.«

»Vielleicht war es falsch von mir, Ihnen einen Ausweg aus Ihrer Lage zu zeigen. Sie scheinen nicht das Zeug zu haben, so etwas durchzustehen.«

Sein Gesicht wurde weiß, die dunklen Ringe unter seinen Augen traten noch stärker hervor. Er sagte nichts, knirschte nur mit den Zähnen.

»Sie wissen doch, daß Eve Jerry den Laufpaß gibt?«

Seine Kinnlade fiel herunter. »Nein«, sagte er. »Um Himmels willen, seit wann das denn?«

»Ich bin nicht ganz sicher, aber ich glaube schon, daß Ihr Gespräch am Samstagabend auf der Bank dazu beigetragen hat. Am Sonntag hat sie ihm nämlich gesagt, daß sie ihn verlassen will. Ich war gerade dabei. Sie hat ihn wirklich in der Mangel. Sie kann gehen und ihn buchstäblich ausziehen. Selbst die Wertpapiere der RIO kann sie mitnehmen. Sie wird ein Vermögen besitzen, Tom.«

Die Schmach, die aus seinen Augen schaute, unterzog sich einer Verwandlung und wurde ein Haufen Dollarnoten und Pipelines, die Öl und Erdgas aus den Staaten pumpen. »Das alles kann sie Jerry wegholen?« Seine Stimme klang ungläubig.

»Das und noch viel mehr. Sie kennen doch Eve – sie schlägt sich auf die Seite des Mammons.«

»Dann könnte ich Maxine ja einfach verlassen.«

»Wenn sie in der Gosse schlafen wollen.« Ich schleuderte ihm das ins Gesicht. »Wenn ich Zeit hätte, würde ich

Ihnen ins Gesicht lachen, Tom. Mann! Haben Sie Illusionen!«

Er sagte kein Wort. Ich hielt den Caddy an. »Was halten Sie von diesem Schlag, Tom?«

»Herrgott, Sie und Ihr verdammtes Golfspiel, Sie . . . Sie Eisberg!« Man sah, wie es in ihm arbeitete. »Reden Sie schon weiter!« befahl er.

Ich kümmerte mich intensiv um den Golfball, plazierte ihn, legte ihn auf eine bessere Abschußstelle, konzentrierte mich auf den Schuß. Ich fühlte mich plötzlich sehr stark, und ich glaubte, einen hervorragenden Ball landen zu können.

Tatsächlich! Ein Meisterschuß!

»So was schaff' ich alle Tage«, sagte ich und ging zum Caddy zurück. Ich lehnte mich dagegen und stützte meinen Körper auf den Golfschläger, als wäre er ein Spazierstock.

»Sie wissen ganz genau, daß Sie Eve ohne Geld nicht bekommen können, Tom. Ganz egal, wieviel sie hat – sie will mehr. Und wenn Sie nichts haben, wird sie nicht einmal mit Ihnen reden.«

»Ich weiß«, sagte er leise.

»Wenn aber Maxine einen Unfall hätte, könnten Sie sich mit Eve messen. Maxines Anteil an AMAL würde dazu beitragen, ganz zu schweigen von den anderen Wertpaketen. Ich kenne einen Mann, der solche Unglücksfälle arrangiert.«

»Sie verdammter Hundesohn«, sagte er hölzern mit einer Stimme, die der Hysterie nahe war.

Ich hielt meine Stimme leise, aber die schneidende Schärfe war nicht zu überhören. Ich appellierte an seinen Stolz, an die Traummöglichkeit, Eve Mulloy zu besitzen. Ich sagte ihm, daß er jetzt ein ausgehaltener Mann wäre, zu minderwertig, um von irgend jemand als adäquater Geschäftsmann anerkannt zu werden. Er wäre das stimmlose, rückgratlose Mitglied der Scott-Familie.

Dann bot ich ihm einen Ausweg an.

»Sehen Sie, Sie hatten noch nie jemanden, der Sie als Mann anerkannt hat. Niemand hat Sie bisher als Gleichberechtigten angesehen – außer Eve. Ich gleiche ihr, glaube ich. Ich hasse es, wenn man wie ein nutzloses Möbelstück herumgestoßen wird, nur weil man noch keine Chance hatte zu zeigen, was in einem steckt. Ein Mann mit einer Frau, die glaubt, ihn gekauft zu haben, ihn aufdrehen zu können wie ein Spielzeug, muß sich irgendwann seiner Haut wehren, oder er geht zugrunde. Außerdem, Tom: Nicht Sie sind der Schwächling, sondern Maxine. Sie haben immer gewußt, was Sie leisten können, wenn man Ihnen erst eine Chance gibt. Sie und Eve – mit dem Startkapital –, ihr beide könntet ein ganzes Weltreich besitzen.«

Dabei ließ ich es bewenden. Ich sah das Glänzen, das Aufleuchten in seinen Augen.

»Und was haben Sie mit der ganzen Sache zu tun?« fragte er.

»Ich weiß, wo man spezielle Hilfe holen kann, das ist alles. Wenn Sie sich die Sache überlegt haben, werden Sie sich an mich erinnern. Sie müssen klug vorgehen, Tom.«

Ich zweifelte einen Augenblick, ob er den Mut haben würde. Er machte ein Gesicht, als ob eine Nierenkolik ihm zu schaffen machte.

»Vergesen Sie das Golfspiel nicht«, erinnerte ich ihn.

»Nach einem guten Schlag fallen die Entscheidungen leichter.«

Sein Schlag war gut, und die Entscheidung fiel gleich hinterher. Der Preis betrug wiederum fünfzigtausend plus Spesen. Er hatte nur dafür zu sorgen, daß seine Frau sich in der nächsten Zeit ihm gegenüber noch mieser benahm, daß sie häufiger unter Alkohol stand.

Alles andere würde ich machen.

XI

Tom spielte seine Rolle hervorragend. In der Woche, in der wir unser Geschäft abgeschlossen hatten, war Maxine dreimal völlig betrunken. Wenn nicht die Macht des Scottschen Geldes und Bings gesellschaftlicher Einfluß gewesen wären, hätte Maxine Schlagzeilen auf der Titelseite des *Star-Tele* gemacht. So langte es nur für ein paar versteckte Andeutungen im Inneren des Klatschblattes.

Die Woche danach war Maxine vorsichtiger, aber ich wußte, daß sie drei Tage hintereinander sternhagelvoll gewesen war.

Tom hatte es mir gesagt.

Tom erwies sich als ausgemachter Fuchs. Er brachte es fertig, das geringe Selbstbewußtsein, das sie hatte, in wenigen Tagen wegzuwischen, so daß sie vor der ersten Verabredung mit mir schon wieder fünf oder sechs Drinks gekippt hatte.

Meine Aufgabe mußte leicht sein: Ich wollte, daß Maxine Scott glaubte, hilflos in mich verliebt zu sein.

Ich rief Maxine gegen zehn Uhr morgens an und sagte, daß ich Tom sprechen wollte.

»Hallo, Jeff«, sagte sie mit etwas wackliger Stimme. »Tom ist nicht da.«

»Hallo, Maxine. Das macht nichts. Ich bin froh, daß ich mal mit Ihnen reden kann. Wie geht es Ihnen?«

»Müde, glaube ich. Ich bin gerade erst aufgestanden. Bin nicht einmal angezogen.«

»Jetzt müßte man einen Bildschirm am Telefon haben.«

Das ließ ich einen Augenblick wirken. Dann sagte sie: »Vielleicht wären Sie enttäuscht. Ich trage einen langen Morgenmantel, und ich sehe aus wie ein Wrack.«

»Das kann ich mir nicht vorstellen, wenn ich bedenke, wie Sie neulich auf dem Tanzabend aussahen.«

»He, Sie sind ein Schmeichler. Aber ich höre es gern. Was kann ich für Sie tun, Jeff? Ich sagte Ihnen ja schon, daß Tom nicht da ist.«

»Ich weiß, ja. Schade. Ich wollte fragen, ob er heute nachmittag zum Golf kommt. Ich habe ein paar Verabredungen abgesagt und den ganzen Nachmittag frei.« Ich sagte es so, daß es sich anhörte, als wäre das für einen einsamen Menschen schlimmer als der Tod.

»Tom ist nach Dallas gefahren, glaube ich. Er wird vor Abend nicht zurück sein.« Etwas wehleidig fügte sie hinzu: »Ich bin also auch allein.«

Das beantwortete meine Frage schon. »Wenn ich jetzt genug Mut hätte, würde ich Sie zum Essen einladen. Das würde Ihrem Mann zeigen, was er davon hat, seine schöne Gattin allein zu lassen.«

»Ich glaube nicht, daß Toms Blutdruck auch nur um einen Deut in die Höhe ginge, wenn er davon erfahren würde.«

»Vielleicht nicht, aber meiner ganz bestimmt.«

»Sie sehen noch ganz gesund aus«, sagte sie.

»Ich würde es darauf ankommen lassen. Können wir uns um ein Uhr dreißig bei Marson treffen?«

Fast meinte ich sehen zu können, wie sie sich auf die Unterlippe biß, um ihre Freude zurückzuhalten.

»Das ist sehr nett von Ihnen, Jeff. Ich komme gern.«

So fing es an.

Wir dinierten, wie man es von zwei intelligenten

Menschen erwartet, im Rahmen der Konventionen, ohne Andeutungen, ganz auf die Tour »Was ist schon dabei?«

Unsere zweite Verabredung war eine Wiederholung der ersten mit etwas höheren Temperaturen. Ich spielte noch immer den schmachtenden, sich aber in der Kontrolle habenden Liebhaber. Ich brachte sie zum Parkplatz, wo sie ihren Wagen stehen hatte. Diesmal, als sie mir ihre Hand bot, hielt ich sie länger fest.

»Maxine«, sagte ich langsam.

»Ja?«

»Könnten wir . . . könnten wir morgen abend zusammen . . . ausgehen?«

»Ich weiß nicht recht . . . vielleicht sollten wir's besser bleibenlassen.«

»Ich weiß.« Ich sagte das weich, im Verschwörerton. »Es ist nicht fair, Tom würde es nicht gern sehen. Vergeben Sie mir.«

Ich wußte, daß die Erwähnung von Tom helfen würde. Das Lächeln, das sie zeigte, gab mir recht. »Warum lassen Sie mich nicht beurteilen, was Tom gegenüber fair ist und was nicht?«

Wir aßen in Dallas, in einem etwas abgelegenen Restaurant. Wir tranken, wir tanzten. Sie drückte sich an mich, daß ihre volle linke Brust zwischen meiner Brust und dem rechten Arm lag. Ihr Atem fühlte sich auf meinem Hals wie ein frischer warmer Puls an.

Das Restaurant war wirklich Klasse. Der Tanzboden war dunkel und leer. Die fünf Schnäpse taten das übrige. Ihr Mund war weich wie ein Schwamm unter meinem, und ihr Körper klammerte sich wild an mich.

Wir gingen und fuhren zurück nach Fort Worth. Ich fuhr schweigend, mein Gesicht ohne Bewegung, den Blick stets auf die Straße gerichtet. Wir waren zehn Meilen gefahren, bis ich etwas sagte – zehn Meilen, in denen sie versucht hatte, die Lücke zwischen ihrem und meinem Sitzplatz zu überbrücken.

»Wir hätten uns heute doch nicht treffen sollen. Vergib mir«, sagte ich.

»Was ist da zu vergeben?« fragte sie. »Wir sind doch keine Kinder mehr.«

Ich blickte sie an. »Es gibt aber so etwas wie Anständigkeit.«

»Jeff«, sagte sie dramatisch.

»Was hätten wir denn dagegen tun können? So etwas passiert eben.«

Ich hätte jede Wette angenommen, daß sie das aus einem Liebesschinken aus Hollywood hatte. »So etwas passiert *dir* vielleicht«, sagte ich, »aber ich kann nicht so leicht darüber hinweggehen. Schließlich bist du mit meinem Freund verheiratet.«

Dabei ließ ich es, bis wir zu der Stelle gekommen waren, wo sie ihren Wagen hatte stehen lassen.

Ich hielt meinen Pontiac an, ein paar Schritte von ihrem Lincoln entfernt. Dann drehte ich mich zur Seite und schaute sie an.

»Es hat keinen Zweck, Maxine.«

»Jeff.« Nur das sagte sie, nur meinen Namen. Sie überbrückte den Raum zwischen uns mit einem einzigen überhasteten Rutsch.

Ich brauchte vielleicht zehn Minuten, um sie wieder von meinem Hals zu lösen. Aber dann hatte ich die Zusage, daß sie am nächsten Nachmittag in mein Apartment kommen würde. Ich war ein bißchen angeekelt.

Eine Woche lang pflegte ich unsere Liebschaft, dann brach ich sie so abrupt ab, wie sie begonnen hatte. Ich ging ein paarmal mit Charlene Carter aus und legte Wert darauf, daß Maxine davon erfuhr. In der zweiten Woche war ich einfach nicht für sie zu sprechen. Am Ende der Woche wußte ich, daß sie in den letzten acht Tagen nicht einmal nüchtern gewesen war. Dann rief ich sie an.

»Maxine«, sagte ich, »kann ich sprechen?«

»Jeff – o Darling.« Das beantwortete meine Frage.

»Ich möchte dich sehen.«

»Ja, Jeff, bitte, ja.«

»Ich glaube, Tom weiß über uns Bescheid.«

»Das stimmt nicht, Jeff. Er ist seit drei Tagen nicht zu Hause gewesen. Er kann überhaupt nichts wissen – niemand kann etwas wissen.«

»Ich bin fast sicher, daß er etwas weiß. Jemand verfolgt mich schon seit fast zwei Wochen. Ich glaube, Tom hat ihn beauftragt.«

»Glaubst du, er will einen Scheidungsgrund haben?«

»Weiß ich nicht.«

»Aber was kann er machen? Das Geld gehört mir.«

»Ich weiß, Darling«, sagte ich liebevoll. »Ich will nur nicht, daß etwas uns auseinander bringt.«

Sie zog so tief die Luft an, daß es fast durch den Apparat pfiff. »Das wird auch nicht geschehen, Jeff, ehrlich.« Komisch, diese Art, wie sie mich überzeugen wollte. »Wo können wir uns treffen? Kann ich zu dir kommen?«

»Nein! Ich glaube bestimmt, daß meine Wohnung überwacht wird. Wir müssen uns irgendwo draußen treffen.« Die geheimnisvolle Räubergeschichte paßte zu ihrer dramatischen Art. Als ob mir gerade der geniale Einfall gekommen wäre, und nicht, als ob ich es seit Wochen geplant hätte, sagte ich: »Wir könnten uns beim Blutspenden treffen, da fällt es nicht auf. Wir sind nur zwei ehrbare Bürger, die etwas für die Allgemeinheit tun. Ich wollte ohnehin gehen.«

»Sieht das nicht *zu* zufällig aus?«

»Nicht, wenn du auch Blut spendest. Ich hoffe, du bist mir nicht allzu böse – aber ich muß dich einfach sehen.«

»Aber ich habe noch nie . . .«, begann sie. Dann brach sie den Satz ab und sagte: »Ich werde da sein, Liebling. Um wieviel Uhr?«

»Ich bin um ein Uhr dreißig da. In der Hall Street, weißt du, wo die ist?«

»Ich werde sie schon finden.«

»Fein«, sagte ich, »bis nachher, Darling.«

XII

Ich weiß nicht genau, was der Medizinstudent aus der Vene von Maxine Scott gesogen hat, aber ich bin sicher, daß es hochprozentig war. Wahrscheinlich hatte sie sich vorher schon gegen die Angst vor der Nadel mit ein paar kräftigen Schlucken gestärkt.

Wir unterhielten uns wie zwei Freunde, die sich zufällig bei der Erfüllung einer vornehmen Bürgerpflicht getroffen haben. Als man uns Orangensaft und ein paar Gabelbissen vorsetzte, flüsterte ich ihr zu:

»Tu so, als ob dir schlecht würde, Darling. Ich bring' dich dann nach Hause.«

Sie machte das so überzeugend, daß sogar ich mißtrauisch wurde. Sie sank gegen den Erfrischungstisch. Ich half ihr auf einen Stuhl. Sie setzte sich hin, den Kopf in die Hände gestützt, wie ihr die Mediziner rieten.

»Es ist das erstemal bei ihr«, erklärte ich.

»Manchmal zeigen sie so eine Reaktion«, erwiderte die dicke, vierzigjährige Schwester. »Sie brauchen sich keine Sorge zu machen. In ein paar Minuten hat sie sich wieder erholt.«

Ich muß wirklich sagen, daß sie ihre Rolle gut spielte. Sie wartete ein paar Minuten, bevor sie wieder zu sich kam. Sie hob den Kopf und tat so, als müßte sie überlegen, wo sie sich befand. »Ich bin so müde und erschöpft, Jeff«, sagte sie. »Könnten Sie mich vielleicht nach Hause bringen? Ich glaube nicht, daß ich jetzt noch fahren kann.«·

»Natürlich. Einen Augenblick, bitte, ich muß nur noch in meinem Büro anrufen. Bleiben Sie hier sitzen.« Ich wandte mich an die Schwester, die mit begierigen Augen auf das Tablett mit den Käsehappen starrte und sich mit aller Gewalt zurückhalten mußte, um nicht zwölf zu vertilgen. »Passen Sie einen Moment auf sie auf, bitte. Ich muß in meinem Büro anrufen, dann werde ich sie nach Hause bringen. Sie scheint ziemlich erschöpft zu sein.«

»Bis jetzt ist noch niemand gestorben, bloß weil er ein paar Tropfen Blut abgegeben hat«, sagte die stahlgraue Dicke.

Als ich zurückkam, hatte Maxine ihre Rolle fast zu Ende gespielt. Sie war schon wieder auf den Füßen. Sie schwankte auf mich zu. Ich fing sie auf.

»Übertreib nicht zu sehr, Darling«, flüsterte ich ihr zu. Ich führte sie durch den langen Flur zur Straße, führte sie so langsam, wie es ihrer vorgetäuschten Schwäche angemessen war.

»Ist es gut so, Jeff?« fragte sie, als wir die Treppe hinuntergingen. »Glaubst du, daß uns jemand folgt?«

»Ich bin nicht sicher – aber jetzt habe ich eine gute Entschuldigung, dich nach Hause zu bringen.« Ich ging zu der anderen Seite und nahm sie fest am Arm. »Wir nehmen dein Auto, für den Fall, daß meins beschattet wird. Wo hast du geparkt?«

Als wir an ihrem Haus ankamen, lenkte ich den Lincoln direkt zur Haustür. Ich hatte meinen Plan darauf aufgebaut, daß ich gesehen wurde, wenn ich kam und wenn ich ging. Ich ging um den Wagen und öffnete die Tür, da sah ich, daß sie in der Handtasche nach einem Schlüssel suchte.

»Ist kein Personal da?« Ich wartete nicht auf ihre Antwort, sondern lehnte mich gegen die Klingel.

»Ich habe meinen Schlüssel«, sagte sie.

»Es soll alles ganz legal aussehen.«

Das verstand sie. Das Dienstmädchen ließ uns herein. Ich erklärte, daß Mrs. Scott einen Blutspendetermin wahrgenommen hätte und sich danach etwas geschwächt fühlte, daß ich sie deshalb nach Hause gebracht hätte.

Als das Mädchen gegangen war, eilte Maxine zur Hausbar. Ich folgte ihr und mixte einige Drinks. Sie sah mir von der Couch aus zu, auf der sie sich so drapiert hatte, wie sie sich offensichtlich am verführerischsten vorkam. Es gehörte schon etwas dazu, aber ich brachte es fertig: Ich setzte mein gekonntestes Lächeln auf und ging zu ihr.

Ich war fünfmal zur Bar gegangen, um ihr Glas zu füllen, und das in weniger als vierzig Minuten, als das Unvermeidliche geschah: Ihr blutarmer Körper konnte den Druck von fünf doppelstöckigen Whiskys nicht vertragen. Sie begann, sich unkontrolliert zu bewegen.

Diesen Drink machte ich extra stark, um das Verfahren abzukürzen. Ich nahm sie in den Arm und flößte ihr wie einem Säugling die Flüssigkeit ein. In drei oder vier Minuten war sie hinüber.

Ich ging zur Bar zurück und stellte die Flasche auf den Rauchtisch. Ich wusch mein Glas und wischte es ab, dann fiel mir ein, daß es glaubwürdiger wäre, auch einen getrunken zu haben. Ich goß mir einen Kleinen ein und stürzte ihn in die Kehle.

Sorgfältig tupfte ich ihre Finger über die gesamte

Flasche, wobei ich achtgab, daß ich ihre Abdrücke nicht mit meinen Fingern überdeckte.

Schließlich kippte ich den Inhalt der Flasche – bis auf einen Finger breit Rest – in den Ausguß. Als ich zurückkam, war Maxines Gesicht schneeweiß. Die Strukturen um Mund und Nase waren gewichen.

Ich nahm die Spritze mit ätherischem Alkohol aus meiner Manteltasche, pumpte die Luft heraus und schaute mich noch einmal um. Das ging ja wirklich wie geplant.

Ich traf mit der Nadel genau die Stelle, die beim Blutspenden schon einmal benutzt worden war.

Ich war etwa eine Stunde da. Ich ging hinaus auf den Flur und sah, das Gladys, das farbige Dienstmädchen, im Eßzimmer den Tisch deckte.

»Mrs. Scott ruht sich aus«, sagte ich. »Sie hat die Nadel der Spritze nicht gut vertragen.«

»Ja, Sir.«

»Wenn sie aufwacht, sagen Sie ihr bitte, daß ich heute abend anrufen werde.«

»Ja, Sir.«

»Würden Sie mir bitte ein Taxi rufen? Ich warte draußen.«

»Ja, Sir.«

Wenn meine Rechnung stimmte, würde Mrs. Scott in etwa fünfzehn oder zwanzig Minuten das Zeitliche gesegnet haben. Zu dieser Zeit müßte ich schon im eigenen Auto sitzen, das ich in der Hall Street stehen hatte.

Als ich nach Hause fuhr, dachte ich an die fünfzigtausend, die Tom Scott mir schuldete. Wenn ich die Sache mit Eve hinter mir hatte, würde ich über hunderttausend haben . . .

XIII

Gegen halb sechs an diesem Nachmittag rief ich im
Rosario Club an und fragte nach Tom Scott. Er hatte die
meiste Zeit dort verbracht, seit wir unser Geschäft abgeschlossen hatten. Der Club war das beste Alibi, das er sich
wünschen konnte. Im Rosario brauchte er außerdem kein
Bargeld, denn Maxine bezahlte die Rechnungen monat-
lich.

»Tom«, sagte ich, »hier ist Jeff. Sind Sie in der Telefonzelle?«

»Ja.«

»Dann hören Sie nur zu, sagen Sie nichts. Sie sind ein
reicher Mann.«

»Herrgott!«

Ich konnte mir sein Gesicht ausmalen. Wahrscheinlich
mußte er sich an der Wand festhalten.

»Hören Sie gut zu!« befahl ich. »Maxine hat heute
nachmittag viel getrunken, sehr viel – zu viel. Bleiben Sie
da, wo Sie sind, bis man Sie ruft. Verstehen Sie?«

Es kam keine Antwort.

»Haben Sie verstanden?« brüllte ich ihn an. »Sie
müssen überrascht tun!«

»Alles klar.« Er zog die beiden Worte in die Länge. »Ich
verstehe.«

»Trinken Sie nichts. Warten Sie nur ab. Es wird nicht
lange dauern. Machen Sie irgend etwas, duschen Sie,
essen Sie, verhalten Sie sich ganz normal.«

Ich ließ den Hörer auf die Gabel fallen. Ich wußte, daß
ich nichts zu befürchten hatte, sobald er sich gefangen
hatte. Und der Rest würde von selbst kommen.

In den Spätausgaben der Tageszeitungen stand eine
kleine Notiz, die die Redaktionen in der Eile noch hatten

unterbringen können. Der Tod schien den Zeitungen ein wenig suspekt, aber dem Druck von Bing Scott waren sie nicht gewachsen. In späteren Ausgaben waren keine Andeutungen mehr zu finden. Nach der Autopsie stellte der Mediziner Alkohol im Magen und eine tödliche Menge im Kreislauf fest. Die Zeitungen murmelten etwas von »Herzschwäche«.

Eine Scott trinkt sich nicht zu Tode.

Natürlich wurde ich von der Polizei verhört. Ich sagte ihnen die genaue Wahrheit. Das ist immer am einfachsten und am wenigsten zu erschüttern. Nichts als die Wahrheit, nur nicht die ganze Wahrheit.

Sie hatten nachgeforscht, ob meine Angabe mit dem Blutspendetermin stimmte, ob ich sie nach Hause gebracht hatte. Sie fanden sogar den Taxifahrer, der mich von Maxine zu meinem Auto gebracht hatte.

Die Geschichte war sonnenklar. Der Blutverlust, der viele Alkohol, der aus der Flasche war, das häufige exzessive Trinken in der letzten Zeit. Toms Alibi wurde keine Sekunde in Frage gestellt.

Eve und Jerry Mulloy waren in den letzten Tagen erste Zielscheiben für die Klatschkolumnisten gewesen. Ihre ziemlich geräuschvolle Trennung war ein gefundenes Fressen für die Zeitungen – das Märchen des unglücklichen Aschenbrödels. Trotz des Geldes hatte Jerry Mulloy nicht die Autorität, die Bing Scott besaß, um die Presse hin und wieder stumm zu machen. Die Zeitungen hatten ihre hohe Zeit gehabt, als Eve und Jerry sich kennen- und liebenlernten, deshalb wollten sie jetzt nicht von dem fetten Braten lassen.

Die Trennung der beiden verlangte meine schnelle Entscheidung, wie meine Arbeit an Eve ausgeführt werden konnte. Mit der Publizität, die sie genoß, wurde mein Auftrag noch schwieriger. In keinem Fall durfte es auch nur die geringste Verbindung zwischen Maxines und Eves Ende geben. Die Methode, die Zeit und die Ausführung mußten völlig voneinander abweichen.

Und noch einen Nachteil hatte die Publicity der Mulloys. Wenn ich mich jetzt häufiger bei oder mit Eve sehen ließ, würde ein Teil der Publicity auf mich abfallen. Das könnte schon das Ende meines brandneuen Jobs bei AMAL sein.

Ich mußte ihren Tod aus der Ferne entwickeln.

Ich mag das nicht, aber es gab keinen anderen Ausweg.

Bing Scott nahm zu allem Überfluß auch noch viel von meiner Zeit in Anspruch. Viele Stunden redete er über die Geschäfte von AMAL Oil, bis in den Morgen hinein. Er hämmerte mir Fakten und Zahlen und Namen ein, und ich sog sie auf wie ein trockener Schwamm.

Alice Scott servierte hin und wieder einen Drink, Häppchen oder Pulverkaffee. Manchmal warf sie einen Satz in die Debatte, schließlich war sie Aktionärin. Bing hörte dann ruhig zu. Ihre Stimme war sanft, und sie dachte logisch, wußte genau, wann sie zu reden aufhören mußte, wenn es Bing zu langweilig wurde.

An einem Abend sprang sie mir zur Seite, als wir darüber diskutierten, einige Tanks in Mississippi austrocknen zu lassen. Ich wollte das mit einem Preiskrieg schaffen. Mein Ziel war, dreihundert unabhängige Tankstellen für uns zu gewinnen, indem wir die Gewinne unserer Händler beschnitten.

Mein Plan war, im Februar den Benzinpreis pro Gallone um drei Cent unter dem Konkurrenzpreis anzusiedeln, davon sollten unsere Händler und wir je die Hälfte tragen. Wir würden unseren Umsatz (und wegen des niedrigen Preises auch unseren Verlust) steigern auf Kosten der unabhängigen Tankstellen.

Denen würde der Umsatzschwund besonders an die Nieren gehen, weil er genau in die Zeit fiel, in der sie die erste Steuerrate zahlen mußten.

Wir – so war mein Vorschlag – müßten unseren Minimalpreis durchhalten bis Mai. Dann wollte ich die zwölf besten Verkäufer nach Mississippi schicken, um den unabhängigen Tankstellen klarzumachen, daß der Umsatz sofort wieder den alten Stand erreichte, wenn sie AMAL-Kunden würden und das AMAL-Schild an ihre Tankstellen hingen.

Die Kampagne brachte uns, so hatte ich kalkuliert, dreißig Prozent der unabhängigen Tankstellen.

Alice war sofort dafür – Bing sah den Vorteil nicht, er glaubte nicht an die Wirkung.

Alice kam zu mir, setzte sich auf die Lehne meines Sessels und legte ihre Hand um meine Schulter.

»Hör auf den Jungen, Bing. Er ist ein Fighter.«

»Und was geschieht mit *unseren* Tankstellen in Mississippi?« fragte Bing.

»Du hast selbst gesagt, Bing, daß du einen Mann mit Mut und Ideen brauchst. Na und? Gut, vielleicht sind unsere Tankstellen ein wenig im Nachteil.« Sie verstärkte den Druck auf meiner Schulter. »Außerdem, so wie ich unseren Jungen Jeff kenne, hat er sich schon überlegt, wie er sich ihrer annimmt. Habe ich recht, Jeff?« Sie blickte mich aus ihren warmen Augen an.

Daran hatte ich gar nicht gedacht. Wer schon eine AMAL-Tankstelle hatte, war uninteressant für mich. Aber Alice hatte mich wissen lassen, daß Bing meinen Plan nicht akzeptierte, wenn ich den AMAL-Tankstellen nicht einen Kompromiß anbot.

»Sie haben mir gesagt, Bing, daß unsere Tankstellen in Mississippi rund fünf Prozent ihres Gewinns aus Öl, Kerosin und Fetten erzielen, nicht wahr?«

»Ja«, sagte er, »worauf wollen Sie hinaus?«

»Es ist nur ein Gedanke, ich habe noch nicht nachgerechnet . . . aber wenn wir ihnen fünf oder sechs Cent Preisnachlaß gewähren, den Verkaufspreis aber bestehen lassen, dann haben sie den Verlust wieder wettgemacht. Dann bleiben sie auch auf unserer Seite, und der Preiskrieg wird ihnen auch noch Spaß machen.«

»Jetzt haben wir wirklich an alles gedacht«, sagte Alice. Ich blickte zu Bing. Er tat so, als müßte er einen Augenblick überlegen, dann sog er die Luft ein und stieß sie geräuschvoll wieder aus.

»Okay«, sagte er. »Ich wollte ja einen Mann mit Kämpfernatur. Es sieht so aus, als ob ich ihn hätte. Sie haben meinen Segen, Jeff.« Er stand abrupt auf. »Ich glaube, ich brauche einen Drink. Und dann dürfte es auch spät genug geworden sein.«

Wir tranken einen, dann brachten sie mich beide zur Tür. Alice ging zwischen Bing und mir, ihre Arme um uns gelegt.

»Es wird alles so ablaufen, wie wir es uns vorstellen«, sagte sie, »unser Junge Jeff wird dafür schon sorgen.«

»Du hast recht, Mutter«, sagte Bing.

Etwas in mir drehte sich um und starb.

XIV

Als ich von den Scotts wegfuhr, hatte ich das Gefühl, dringend ein Bad nehmen zu müssen. Und dabei fiel mir ein, daß ich keine Zeit mehr verlieren sollte, mir über Eve Mulloys Ende Gedanken zu machen. Tom Scott würde bald alles geregelt haben, so daß er mir dann das Geld geben konnte.

Er war verärgert über Eve, wie sie mit ihm spielte, wie sie ihn behandelte. Er könnte auf die Idee kommen, daß er mich nicht zu bezahlen brauchte, weil er ja doch nicht erreicht hatte, was er eigentlich wollte – nämlich Eve. Dann müßte ich ihn in die Mangel nehmen, auch wenn Bing davon erfahren sollte.

Jerry Mulloy hatte bisher keine Schwierigkeiten gemacht. Ich hatte jede Woche meine »Golfgewinne« kassiert und hatte fast die zehntausend zusammen, die den Killer zu Eve bringen würden, wie ich ihm gesagt hatte.

Ich weiß nicht, ob er sich zu der Überzeugung durchgekämpft hatte, daß sein Golfpartner seine Frau umbringen würde, oder ob er immer noch die Geschichte von dem Bekannten glaubte. Daß er mir bis heute schon 8500 Dollar gegeben hatte, zeigte, daß es ihm völlig schnuppe war, wer den Mord ausführen würde.

Er trug immer noch die dunklen Ringe unter den Augen und biß sich immer noch die Fingernägel ab. Er brauchte sich nicht anzustrengen, um mich beim Golfspiel gewinnen zu lassen – ich hätte jedes Spiel gewonnen, denn Jerry Mulloy war nicht in der Lage, sich auch nur drei Minuten lang auf einen Ball zu konzentrieren.

Mir lag Alice im Magen nach diesem langen Abend. Ich fühlte mich aufgewühlt und fuhr ziellos durch die Nacht. Plötzlich sah ich wieder das altbekannte Schild vor mir:

ACHTUNG GEFAHR

AUF DEN NÄCHSTEN ZWEI MEILEN
TRANSISTOR-RADIOS AUSSCHALTEN

Ich dachte sofort wieder an Eve. Sie hatte mich in den vergangenen drei Wochen, seit ich den Auftrag angenommen hatte, sie umzubringen, zweimal angerufen. Beide Male hatte ich sie aufsitzen lassen.

Impulsiv drückte ich den Fuß aufs Gaspedal. Ich fuhr an ihrem Haus vorbei. Es war gegen zwei Uhr, aber in den Räumen im Erdgeschoß brannte noch Licht. Wahrscheinlich hielt sie sich im Jagdtrophäenzimmer auf, das Jerrys ganzer Stolz war.

Ich lenkte den Pontiac zu der Tankstelle unten an der Straße und überquerte die Straße zu der Telefonzelle. Es war ein heißer Tag gewesen, aber die Nacht war kühl. Es verblüffte mich, daß meine Handflächen schweißnaß waren.

»Eve?«

»Wer ist da?«

»Jeff Allen.«

»Oh, das Schwein.«

»Sie wollten's wissen, Mutter.«

»Wo bist du?«

»Um die Ecke. Und ich habe noch keine Lust, schlafen zu gehen. Hört sich das interessant an?«

»Du glaubst wohl, du brauchst nur mal ›schnapp‹ zu machen, und ich springe?«

»Das ist mir völlig einerlei. Wenn du es nicht bist, ist's eben 'ne andere.« Ich wartete einen Augenblick, bis sie das verdaut hatte, dann fügte ich hinzu: »Und du weißt doch genau, daß du genauso darüber denkst.«

»Komm schon.«

Ich trat aus der Telefonzelle und ging zurück zu meinem Wagen. Jetzt, da ich wußte, daß Eve an einem Unfall sterben würde, machte es mir nichts aus, mit ihr zu schlafen. Das würde wahrscheinlich die Glaubwürdigkeit meines späteren Unternehmens steigern.

Die Schiebetür auf der Terrasse stand offen. Ich trat ins

Jagdzimmer. Sie stand da wie eine grüne Flamme, ihr Gesicht paßte besser in dieses Jagdzimmer als die Tiere hinter ihr.

Sie hatte viel getrunken. Ihr Blick war unstet, ihr Gesicht zornrot über die Art und Weise, wie ich mit ihr gesprochen hatte. Sie kam auf mich zu, ohne ein Wort zu sagen. Ich wußte, daß es eine Neuauflage unseres Kampfes im Schwimmbad werden würde.

Ich gab ihr eine schallende Ohrfeige. Einen Augenblick lang glaubte ich, wütend genug zu sein, um sie umzubringen.

Die Veränderung in ihrem Gesicht, in ihrer Haltung, kam für mich völlig überraschend. Sie verwandelte sich von der geifernden Raubkatze in ein anschmiegsames, sanftes Kätzchen.

»Woher hast du es gewußt?« fragte sie. »Woher hast du es gewußt?«

Ich antwortete nicht, aber ich wußte es. Der Mann, der mit ihr so umsprang, füllte irgendein Loch in ihr, das noch nie gefüllt worden war, gab ihr etwas, wonach sie bis heute gehungert hatte.

Ich antwortete überhaupt nicht auf ihre Frage. Ich wollte es nicht. Ich riß ihr nur den grünen seidenen Umhang vom Körper.

XV

Am darauffolgenden Donnerstag lernte ich die Einzelheiten kennen, die zu Eve Mulloys Tod führen würden. Bing hatte mich am Mittwoch angerufen und mich zu einer Fahrt auf ein Ölfeld eingeladen, wo eine neue Bohrung vorgenommen werden sollte.

Ich traf ihn gegen fünf Uhr morgens, kurz bevor die höllische texanische Sonne am wolkenlosen Himmel aufging.

»Schrecklich, so früh schon irgend etwas zu unternehmen«, begann Bing entschuldigend, »aber in ein paar Stunden ist die Hitze kaum noch auszuhalten.«

Er führte mich zu einem Hangar am äußersten Ende des Flugplatzes von Fort Worth. »Haben Sie schon eine Tasse Kaffee getrunken?«

»Ja. Ich habe gestern abend den Tauchsieder schon eingeschaltet, damit ich sicher war, heute morgen heißes Wasser zu haben.«

»Kommen Sie, wir trinken noch eine im Hangar-Büro.«

Dort trafen wir einen kleinen Mann, der sich ebenfalls Kaffee aus dem Automaten holte.

»Noch was da, Phil?« fragte Bing.

»Klar, Bing, wenn Sie das Zeug vertragen können.«

»Jeff, das ist Phil Goetz, unser bester Pilot. Er ist ein gemeiner Kerl, weil er einen bis zu den Zähnen durchschüttelt, wenn er zur Landung ansetzt, aber er setzt mehr Flugzeuge auf weniger Platz, als ich je gesehen habe. Jeff Allen, Phil. Er wird der Boß der Verkaufsabteilung, behandle ihn also freundlich, bis er dich besser kennengelernt hat.«

Wir gaben uns die Hand und machten ein paar Späße, die der Zeit von fünf Uhr morgens entsprechend waren.

»Wohin geht's denn?« fragte Goetz. »New York?«

»Nein, nur nach Dumas – Feld acht. Deine blonde Freundin wird noch eine Woche auf dich warten müssen.«

»Dumas!«

Phil Goetz gab ein paar Flüche von sich. Danach zu urteilen, war er mehr Texaner als nach seiner Aussprache. Dann spuckte er verächtlich aus.

Nach dem Kaffee stiegen wir in Bings fliegendes Office. Es war eine umgebaute DC-3. Die Kanzel wurde vom Passagierraum durch eine schalldichte Tür abgetrennt für den Fall, daß man in zehntausend Meter Höhe eine geheime Konferenz abhalten wollte. Anstelle von Sitzbänken waren Schreibtische und Drehstühle installiert, und auf einigen Schreibtischen standen Schreibmaschinen, die festgeschraubt waren.

Bing nahm eine Menge Papierkram aus einer Aktentasche und breitete ihn vor mir aus. Phil ließ inzwischen die Maschine warmlaufen. Mit einem Traktor wurde die Maschine aus dem Hangar gezogen. Sobald wir aus dem Hangar heraus waren, bewegte Phil das Flugzeug mit eigener Kraft weiter. Es war eine gefährliche Fahrt, denn bis zum Rollfeld standen Hindernisse über Hindernisse auf dem Zementboden, zwei Feuerwehrwagen, einige Transportfahrzeuge, auf den Start wartende und reparaturbedürftige Flugzeuge. Phil strich mit den Flügeln dicht an den Hindernissen vorbei.

Ich zog es vor, auf die Papiere zu schauen, die Bing mir hingelegt hatte.

»Sehen Sie, wie er grinst«, sagte Bing. »Dadurch läßt er mich wissen, daß er hier oben der Boß ist, nicht ich.«

»Und trotzdem halten Sie ihn?« fragte ich.

»Ich sagte Ihnen ja, daß er der beste Pilot ist, den ich kenne. Bei ihm werde ich nicht nervös, wenn ich fliege. Und er setzt den Vogel ab, wo immer ich es sage. Er schafft es überall.«

Er legte mir eine Karte hin. »Das ist das Gebiet, das wir überfliegen werden. Es liegt zwanzig Meilen nördlich von Dumas. AMAL sucht neue Ölquellen. Die Versuchsbohrungen sind noch nicht abgeschlossen.«

»Und wie sind die Chancen?« fragte ich. Inzwischen hatte Phil uns in die Luft gehoben.

»Ziemlich aussichtsreich bisher. Waren Sie je auf einem Ölfeld, Jeff?«

»Nein.«

»Ich bin sicher, daß es Sie interessieren wird.« Er drückte auf einen Knopf und hob den Hörer vom Telefon auf. »Phil«, sagte er, und eine nörgelnde Antwort kam zurück, »drehen Sie doch drei oder vier Runden über Feld acht, bevor Sie uns absetzen. Jeff soll sich den Laden mal von oben ansehen.«

Ein mürrisches Murmeln zeigte, daß Phil Goetz einverstanden war. Ich blickte aus dem Fenster. Die flachen Hügel in den weiten Ebenen von Texas sahen von hier oben aus wie geschmolzene Schokolade.

Bing rief mich vom Fenster zurück. »Ich erwarte nicht, daß Sie die technischen Einzelheiten auswendig lernen«, sagte er.

»Aber so ungefähr sollten Sie eine Vorstellung von dem haben, wie das vor sich geht. Das hier sind Bohrberichte.«

Ich blätterte in dem Stapel und überflog sie schnell. Dann stieß ich auf einen Bericht, der mich mehr interessierte. In dem Bericht des Bohrmeisters wurde geschildert, wie die Sprengungen des felsigen Materials ausgeführt wurden.

Komisch, in dem Augenblick sah ich wieder den kleinen mexikanischen Arbeiter mit der Fahne vor mir und das Schild »Achtung, Gefahr«. Ich sah auch den Mann im Jeep vor mir, den Mann mit dem geröteten Gesicht, der einen kleinen Kasten bei sich hatte, dort auf einen Knopf drückte und damit einen ganzen Abhang pulverisierte.

Wenn ich es richtig anfing, konnte ich auch mal auf einen Knopf drücken, und ein Cadillac Coupé würde pulverisiert und die Insassin Eve Mulloy ebenfalls.

Ich wurde richtig aufgeregt.

Komisch, Frauen regen mich immer dann auf, wenn ich daran denke, sie umzubringen. Vielleicht trug sie dann wieder so ein Kleid wie an dem Tanzabend, oder etwas Giftgrünes wie vor ein paar Nächten, das gab ihr so etwas Feuriges. Ich dachte daran, wie sie ihre Arme um mich gelegt hatte wie Ketten, wie ihre Lippen an mir hingen.

»Haben Sie etwas nicht verstanden, Jeff?«

»Hm?« Bings Stimme brachte mich in die Wirklichkeit zurück. »O ja, Bing. Das mit den Sprengungen über Funk . . .«

»Ah ja. Ziemlich gute Idee unserer Techniker. Schon ein paar Jahre alt. Impuls in Lichtgeschwindigkeit zündet die Kappe des Sprengstoffs.«

»Was, in der Kappe sitzt das Radio?« fragte ich, bewußt naiv. »Dann muß die Kappe doch verdammt groß sein.«

»Sehen Sie sich diesen Ring an. Das ist etwa die Größe der Kappen. Es gibt aber noch kleinere, nur haben unsere Leute festgestellt, daß sie ihnen nicht sicher genug sind, sie reagieren nicht exakt genug.«

Die Stimme aus dem Lautsprecher unterbrach uns. »Wir sind jetzt genau drüber«, knirschte Goetz' Stimme. »Ich fliege einen Kreis, dann gehe ich so weit runter, daß Sie die Bohrtürme berühren können.« Es knackte, dann sackte die Maschine so stark ab, daß man meinen konnte, jemand hätte sie eine Treppe hinuntergeworfen.

Bing lachte knirschend, sagte aber nichts. Goetz legte das Flugzeug dann in eine Kurve, daß es so aussah, als wollte er mit den Flügeln gegen die Bohrtürme kämpfen.

Er verkleinerte die Kreise, die er zog, und flog ständig tiefer, aber man merkte, daß er das Flugzeug fest in der Gewalt hatte, auch, als er es zwischen zwei Kranen aufsetzte.

Ich war nervös. Ich bin nie gern geflogen, aber dieser Flug hatte mir den Schweiß auf die Stirn getrieben, besonders als Goetz mit irrer Geschwindigkeit über eine ziemlich unebene Piste raste.

Ich erinnerte mich an einen Traum, den ich häufig erlebe: Ich fliege durch die Luft und steuere auf einen hohen, riesigen, schneebedeckten Berg zu. Im letzten Augenblick, kurz bevor ich an dem Berg zerschelle, wache ich auf.

Wahrscheinlich zitterte ich, vielleicht war ich auch ziemlich blaß geworden, denn Bing beobachtete mich interessiert. Er sagte aber nichts, bis wir draußen auf dem Feld waren.

»Phil hat's wieder ein bißchen übertrieben«, sagte er ohne Emotion. »Wenn Sie wollen, rufe ich ihn zur Ordnung.«

Ich schüttelte den Kopf. »Nein«, sagte ich. »Ich werde mich daran gewöhnen. Ich bin noch nicht häufig geflogen. Wenn Sie ihm trauen, ist er für mich auch in Ordnung.«

Bing Scotts texanischer Humor brachte mich in eine Situation, in der ich mir beinahe alles zerstört hätte, besonders den Job bei AMAL. Ich nehme an, daß Bing meinte, jedes Greenhorn müßte so 'ne Sache mal mitgemacht haben, wenn er ein Ölfeld gesehen haben will. Außerdem kann man den neuen Mann damit testen und den alten Hasen ein sicheres Vergnügen bereiten.

Der Gang war wahrscheinlich schon vorbereitet, bevor wir Fort Worth verlassen hatten, aber ich wußte natürlich nichts davon. Wir landeten in Dumas und fuhren mit einem Jeep zwölf Meilen in die gottverlassene Wüste, in die AMAL drei Millionen Dollar gesteckt hatte.

Ich bin nicht der größte oder stärkste Mann auf dieser Erde, aber mit meinen 178 cm und 175 Pfund bin ich nicht so leicht von den Beinen zu holen. Ich hätte sofort erkennen müssen, daß etwas nicht stimmte, als wir auf dem Feld ankamen. Während wir von Turm zu Turm gingen, merkte ich, daß die Arbeiter ihre Plätze verließen und uns folgten.

Ich war den Ingenieuren und Vormännern vorgestellt worden, aber die uns nachkommenden Männer waren die Overall-Arbeiter, Dreher, Schlosser, Handlanger. Wann immer wir einen Bohrturm besichtigt hatten, schloß sich uns die Mannschaft an.

Schließlich kamen wir zum letzten Bohrturm. Ein Berg von Fleisch war dabei, ein Stück Kabel mit einer Anschlußstelle zu verbinden. Er hatte uns seinen Rücken zugewandt, aber er war garantiert das größte menschliche Lebewesen, das ich je gesehen hatte. Bing wartete, bis der Mann seine Arbeit getan hatte.

»Das ist eine verdammte Scheißarbeit!« schrie Bing. Seine Stimme war auch noch am ersten Bohrturm zu hören.

Der Berg aus Muskeln drehte sich langsam um und sah uns an. Eine weiße Narbe spaltete sein Gesicht in der Mitte. Sie lief genau von der Stirn über das, was einmal die Nase gewesen sein mußte, wenn nicht ein Dutzend Unfälle und mehrere Faustschläge sie verformt hätten.

»Können Sie's besser?« röhrte der große Bulle.

»Mit der linken Hand.«

Der Kampf schien nicht mehr auszubleiben. Der Riese sprang von der Plattform und bewegte sich auf Bing zu. »Ich nehm' ihn aus'nander«, sagte er ruhig. Seine Stimme hörte sich an wie das Puffen eines Güterzugs in der Ferne.

Die Sache sah für mich so aus, als wenn ich mich bald

nach einem neuen Boß umsehen müßte. Bing ging auf den Mann zu. Er war nicht in seiner Gewichtsklasse – keiner wäre es gewesen, und er war auch wenigstens dreißig Jahre älter. Ich ging mit ihm und raunte ihm zu:

»Um Himmels willen, Bing. Er nimmt Sie tatsächlich auseinander. Tun Sie's nicht.«

Bing stieß mich weg. »Man muß es diesen Großmäulern zeigen«, sagte er. »Ich habe ihm gesagt, daß er eine Scheißarbeit gemacht hat, und das stimmt. Wenn er nicht hören will – na ja, es ist schließlich seine Beerdigung.

Der Riese war nur noch ein Yard von Bing entfernt. Wenn ich etwas tun wollte, mußte ich es jetzt tun. Ich stellte mich abrupt vor Bing und warf ihn aus dem Weg.

»Wenn du 'ne Schlägerei willst, dann such dir Leute in deinem Alter aus«, sagte ich.

Mehr brauchte ich nicht mehr zu sagen. Der Riese kündete den Schwinger, der mich womöglich enthauptet hätte, so lange im voraus an, daß ich längst zur Seite ausgewichen war, als er ankam. Er wurde nach vorn gerissen, und ich schlug zu. Ich hätte genausogut mit einem Stahlträger auf ihn eindreschen können. Er grunzte kurz, dann landete er einen Hieb, der meine Rippen zu reduzieren schien. Es war, als hielt jemand eine brennende Kerze unter mein Hemd.

Ich antwortete mit einem kurzen Haken. Er schien überrascht. Er tauchte nach mir und riß mich mit seiner Schulter zu Boden.

Mir ging die Luft aus. Ich schlug verzweifelt beide Fäuste zwischen seine Schulterblätter. Sein Griff lockerte sich. Aber bevor ich daraus Kapital schlagen konnte, donnerte er mir seine Schulter gegen die Brust. Mehr als Reflex denn als geplanter Angriff war mein Schlag auf seinen Nacken zu verstehen, aber der Fleischberg zeigte

Wirkung. Ich wollte mir die Chance nicht entgehen lassen und setzte erneut zu einem Schlag an, doch meine Faust wurde in letzter Sekunde abgelenkt von Bing Scott.

»Genug! Jeff, Bill!«

Der Griff um meinen Brustkorb lockerte sich sofort. Der Riese raffte sich auf. Bei mir dauerte es länger. Die ganze Mannschaft lachte, auch der Riese. Er grinste und streckte seine Pranke aus.

»Einen guten Mann haben Sie da, Bing«, röhrte er.

»Bill Maxwell, Jeff. Das ist Mr. Allen, Bill. Er übernimmt unsere Verkaufsabteilung im nächsten Monat.«

»Guten Morgen,« wiederholte Maxwell.

Mein erster Gedanke, nachdem ich wieder denken konnte, war, daß der Kampf fingiert gewesen war. Ich fühlte etwas Heißes in mir, wie ein Rinnsal geschmolzenes Blei, das sich in meinem Magen verlief.

»Ich dachte nicht, daß ich so lange aushalten würde«, sagte ich.

»Jedenfalls hast du's probiert«, sagte der Riese. »Dachte, mir fehlt 'ne Schulter, wo du mir das Ding verpaßt hast.«

»Das war Ihr Einstand, Jeff«, sagte Bing. »Sie haben ihn mit Glanz gegeben. Wir bringen alle Leute hinaus aufs Feld. Ich will sehen, was sie unternehmen, wenn jemand mit dem Boß so umspringt.«

Mir war das alles zu schnell gewesen. Ich hatte es noch nicht verdaut. Bing schaute mich an, ich sah den Stolz in seinen Augen. »Bill, hier ist ein echter Test für die Loyalität neuer Leute. Wenn man dem Kerl ins Gesicht sieht und es dann immer noch mit ihm aufnimmt, dann hat man gezeigt, daß man ein ganzer Mann ist.«

»Ich halte das für albern, Bing . . . jemand von uns hätte ernsthaft verletzt werden können – wahrscheinlich ich.«

»Deshalb hat er Sie doch in den Griff genommen«, erklärte Bing, »dann brauchte er nicht zuzuschlagen, sondern Sie nur festzuhalten.«

Die Gruppe verlief sich wieder. Bing kam zu mir und packte mich am Arm. »Verdammt«, sagte er, »Sie sind eine Wildkatze. Wissen genau, daß er hundert Pfund mehr auf die Waage bringt, und trotzdem segeln Sie auf ihn los. Sie sind der richtige!«

Wir gingen weiter, als ob nichts passiert wäre, aber ich übersah nicht die freundlichen Gesichter der Männer. Sie hätten wahrscheinlich nicht so freundlich gelächelt, wenn sie gewußt hätten, womit ich mir meinen Lebensunterhalt verdiene. Für sie war ich nicht der Profi-Killer oder der Mann, der Bill Maxwell skrupellos getötet hätte. Ich war der neue Verkaufsdirektor, und sie mochten mich, weil ich Mut gezeigt hatte.

Unterwegs ließ Bing Scott mich allein bei Len Davidson zurück, dem Feldgeologen. Er gab mir die Informationen, die ich über die Funksprengungen brauchte.

Die Zündkapsel sah aus wie ein elektrisches Zündholz. Der Funkimpuls erhitzte zwei winzige Drähte und die entzündeten den kleinen Pulvervorrat. Wenn die Zündkapsel abflog, entzündete sie die gesamte Dynamitmenge, die daran angeschlossen war.

»Bing hat mir gesagt, daß es noch kleinere Dinger gibt«, sagte ich zu Davidson.

»Die Peewees?« fragte er. »Ja, die sind gerade so groß wie ein Bleistift.«

»Und was kosten die?«

»Sind billiger als die anderen. Nur, daß sie uns nicht sicher genug sind.«

Dann zeigte er mir den Schaltkasten, mit dem der Funkimpuls gegeben wurde.

»Kurzwelle?« fragte ich.

»Sehr kurz. Wir haben zu viele Klagen von den Anliegern bekommen, daß wir ihnen das Radioprogramm verderben. Und außerdem könnte es passieren, daß ein Radio unsere Zündkapseln hochgehen läßt, wenn es in der Nähe auf Kurzwelle eingeschaltet wird.«

»Deshalb auch die Schilder«, sagte ich.

»Ja, besonders bei den Peewees haben wir schon einige Pannen erlebt.«

»Einfache Radios?« vergewisserte ich mich.

»Ja.«

Er erzählte mir noch eine ganze Menge anderer Sachen, die mich nicht so sehr interessierten, aber ich hütete mich, ihn das merken zu lassen. Schließlich führte er mich in einen rot-weiß gestrichenen Schuppen, der von zwei Männern bewacht wurde.

In der Mitte des Raumes türmten sich etwa hundert Dynamitkisten. Ich schaute etwas ängstlich auf die Zigarre in seinem Mundwinkel.

Er muß meine Gedanken gelesen haben. »Ich bin auch für Sicherheit«, sagte er lachend. »Das Nitro ist in einem anderen Schuppen. Die Dynamitstangen sind in den Kisten, und die Zündkapseln in den Tonnen da.«

Sie standen unter dem einzigen Fenster. »Holen Sie sich eine Handvoll von denen«, sagte er und zeigte auf eine Tonne, die die Aufschrift »Peewees« trug. »Ich will Ihnen zeigen, wie groß der Unterschied von Peewees und den anderen ist.«

Ich nahm eine Handvoll Kapseln. Vielleicht fünfzehn Stück.

»Muß man nicht unterschreiben, wieviel man geholt hat? Gibt es keine Liste?« fragte ich.

»Himmel!« sagte Davidson. »Wir sind hier auf dem

Feld. Die Bleistift-Stemmer in den Büros können den Papierkram machen.« Er holte sich ein paar Kabel und größere Kapseln, dann ging er wieder hinaus. Auch ich nahm ein paar Verbindungskabel, noch mal eine Handvoll der Peewees und steckte die anderen in meine Tasche.

Dann folgte ich ihm hinaus.

In der nächsten halben Stunde war ich Geselle eines Sprengmeisters. Es war sehr lehrreich. Ich erfuhr alles, was ich wissen mußte, um den Mord an Eve vorzubereiten.

XVI

Auf dem Rückweg nach Fort Worth ließ ich Bing spüren, daß ich wütend war, vor allem deshalb, weil er mich in eine Situation hineinmanövriert hatte, in der ich mich nicht mehr in der Gewalt hatte.

»Himmel, Jeff«, entschuldigte er sich, »nun stellen Sie sich doch nicht so an. Das war doch unser ganz normaler Einstand. Ich dachte, das wüßten Sie – Sie kennen doch die Welt.«

»Ich wünschte, ich hätte es gewußt. Ich sah nur, daß dieser Affenmensch auf Sie zukam, und ich wünschte mir sehnlichst, eine Knarre in der Hand zu haben. Und wenn ich eine gehabt hätte, wäre einer von uns beiden jetzt tot oder im Krankenhaus. Das hört sich nach schwarzem Humor an.«

»Wahrscheinlich haben Sie recht«, sagte er, »aber eines habe ich trotzdem dadurch gelernt: Sie schrecken vor nichts zurück.« Sein Gesicht drückte größte Zufriedenheit aus. »Kommen Sie, Jeff, wir öffnen die Bar.«

Er kletterte von seinem Stuhl hinunter und ging weiter nach hinten. Er drückte auf einen Knopf, ein Teil der Wand öffnete sich und gab den Blick auf eine komplett eingerichtete Bar frei.

»Was«, sagte ich grinsend, »und keine Tanzmädchen?«

»Nicht auf dieser kurzen Strecke.« Sein Tonfall deutete an, daß sich über die Möglichkeit durchaus reden lassen könnte.

Als Phil Goetz die Maschine zur Landung aufgesetzt und die Traktoren den Vogel wieder in den Hangar gezogen hatten, kam der Pilot zu uns und trank mit. Nach einer Weile griff Bing zum Telefon. Ich hatte gesehen, daß einer der Arbeiter von draußen ein Kabel hereingeworfen hatte. Bing konnte sofort durchwählen.

»Ja«, sagte er, »wir sind gerade zurückgekommen, und wir sind hungriger als junge Wölfe.«

Nach ihrer Antwort sagte er: »Ja, und betrunkener auch. Wie wäre es, wenn wir uns im Club zum Essen treffen? Ruf doch an und laß ein paar Steaks für uns reservieren. In 45 Minuten sind wir da.«

Diesmal sagte sie mehr. Bings Gesicht bewölkte sich einen Augenblick. »Okay, wenn's nicht anders geht«. sagte er dann. »Aber verdammt, Jerry ist unser Freund. Ich will nicht in die Lage kommen, mich in ihrem Durcheinander auf die eine oder andere Seite schlagen zu müssen.« Er schwieg wieder. »Ja, wenn's nicht anders geht, dann okay.« Er schlug den Hörer auf die Gabel.

Phil Goetz stand an der Bar und füllte unsere Gläser wieder.

»Eve Mulloy ist bei Alice«, knurrte Bing. »Kommt mir ein bißchen ungelegen. Ich weiß nicht, was dieses Frauenzimmer will. Sie konnte Jerry Mulloy um den kleinen Finger wickeln, dadurch hatte sie Geld, einen guten Ehemann, eine hervorragende gesellschaftliche Stellung und ein paradiesisches Leben.«

»Vielleicht genügt ihr das nicht.«

Er nickte. »Das ist der Nachteil bei hungrigen Leuten«, philosophierte er. »Selbst wenn sie gefüttert und satt sind, wollen sie mehr. Es gibt einfach nicht genug für solche Menschen.«

»Es gibt auch Menschen, die danach hungern, sich für etwas oder jemanden engagieren zu können«, sagte ich.

Ich wußte, daß ich eine seiner schwachen Stellen getroffen hatte. Sein Gesicht rötete sich. »Ich weiß, Jeff. Das haben Sie heute gezeigt. Sie wissen auch, was echten Wert hat und was überzahlt ist. Sie vergeben Ihre Sympathie nicht leichtfertig, aber wenn Sie sie einmal gegeben haben, dann stehen Sie zu Ihrem Wort.«

Er wurde betrunkener, als ich gedacht hatte. Ich sagte nichts, ließ ihn weiter reden. »Nehmen Sie zum Beispiel meinen verrückten Bruder, der in seinem ganzen Leben noch keinen Buck selbst zu verdienen brauchte. Als Tom noch zur Schule ging, hatte der Alte schon sein Bett gemacht. Resultat: Er wird mit nichts fertig, nicht mit seinem Geld, nicht mit sich selbst. Ich hatte gehofft, daß sich das ändern würde, nachdem er Maxine geheiratet hatte, aber das traf nicht zu. Jetzt habe ich ihn wieder – und diesmal für immer.«

»Na ja, aber er ist doch ein wohlhabender Mann, oder?«

»Nicht ganz. Er ist wohlhabend, ja, aber nicht unabhängig, wenn Sie wissen, was ich meine. Ich habe Maxines Aktien der AMAL übernommen. So weiß ich, daß sie in der Familie bleiben. Ich weiß, daß es schlimm ist, das seinem eigenen Bruder anzutun, aber ich werde ihn finanziell sehr knapphalten.«

»Wird er sich das denn so einfach gefallen lassen?«

»Nein, aber ich will Ihnen mal was sagen: Er kann nicht kämpfen. Wissen Sie, was geschehen ist, als ich ihn das erstemal mit raus aufs Feld genommen habe? Ich habe das blaueste Auge bekommen, das ich je gehabt habe, und mein kleiner Bruder, das Schwein, wußte nichts anderes zu tun als zu schreien: »Zum Sheriff! Wir müssen zum Sheriff!« Ich habe ihm drei oder vier Geschäfte gegeben, die er leicht zu Geld hätte machen können. Dreimal hat er kläglich versagt, das vierte hat er wie eine Elster bestohlen.«

»Bing – Sie brauchen mir das nicht alles zu erzählen. Vielleicht sollten wir jetzt gehen, damit wir Alice im Club treffen können.«

»Ich muß Ihnen das sagen, Jeff. Ich werde ihm weniger als zwanzigtausend im Jahr geben – das sind die Zinsen und Dividenden von Maxines Aktien.«

Himmel, dachte ich, dann braucht Tom Scott wenigstens drei Jahre, um mich zu bezahlen. Laut sagte ich: »Hatte Maxine denn nur die AMAL-Aktien?«

»Nein«, sagte er traurig, »und an dieses Geld wird er heran können, das kann ich nicht verhindern. Aber es wird nicht mehr als sechzig- oder siebzigtausend sein, selbst wenn er alles verkauft, was sie im Safe hat.«

Wenigstens das, dachte ich, davon kann ich ja dann meine fünfzigtausend kassieren. »Weiß Tom, was auf ihn zukommt?« fragte ich.

»Noch nicht. Wahrscheinlich wird er es erst Ende des Monats erfahren. Dann verfügt er über die Bankkonten, die sie besessen hat. Das kann ich nicht verhindern, ohne ihn für inkompetent erklärt zu haben. Und das wird jetzt schnell gehen. Die paar tausend, an die er jetzt herankann, werden ihn genug blenden, daß er sich schon völlig gebunden fühlt, wenn er wieder aufwacht.«

»Er wird nicht gut auf Sie zu sprechen sein«, sagte ich.

»Das ist nichts Neues. Wissen Sie nicht, daß die Menschen, denen Sie es zu leicht gemacht haben, dazu kommen, Sie zu hassen?«

Ich erwiderte nichts, trank dafür mein Glas aus. Bing zog mich am Ärmel.

»Noch was, Jeff. Maxine hatte zwanzig Prozent der AMAL-Aktien. Wenn Sie sie wollen, sobald Sie Aktien kaufen können, können Sie die noch dazu haben. Dann besitzen Sie dreißig Prozent. Wenn dann meine Zeit gekommen ist, können Sie nach meinen Anteilen angeln oder wenigstens so viel davon sichern, daß Sie die Kontrolle über AMAL gewinnen.«

»Bing, Sie haben zuviel getrunken. Sie wissen nicht einmal, ob ich der richtige Mann für den Verkauf bin, von allen anderen Erwartungen mal abgesehen.«

»Sie sind der richtige Mann, Jeff. Ich habe es sofort gewußt, und heute haben Sie es aller Welt bewiesen. Wir haben AMAL als Familienunternehmen aufgebaut. Alice und ich sind die letzten . . . Paul hat's nicht geschafft. Ich will nicht, daß die Großen AMAL schlucken. Deshalb brauche ich Sie. Ihnen würde das nicht passieren. Wenn wir nicht alles so arrangieren, daß Sie anfangen können zu kaufen, fällt später Tom alles zu. Und wenn Tom AMAL übernimmt, gibt es AMAL nach sechs Monaten nicht mehr.«

Großer Gott! Was der Mann gerade gesagt hatte, bedeutete, daß mir AMAL Öl und Chemikalien eines Tages gehören könnten. Ich würde einer der großen Männer des Landes sein – einer der paar Anonymen, die alles haben und mehr wollen.

»Ich hoffe, daß ich Sie nicht enttäusche, Bing.«

»Hören Sie auf mit der falschen Bescheidenheit. Sie

sind der erste Mann, der dem entspricht, was ich erwarte – der erste seit Paul. Ich weiß, daß Sie es schaffen, und Sie wissen es auch. Lassen wir es dabei bewenden.«

Er trank sein Glas aus. »Bereiten wir den Damen das Vergnügen. Wenn wir uns beeilen, können wir uns vorher noch unter die Dusche stellen. Haben Sie Kleider in Ihrem Fach?«

»Ja«, sagte ich.

Wir stiegen aus dem Flugzeug und sagten gute Nacht zu Phil Goetz, der mißgelaunt an der Bar stand. Als wir schon an der Tür waren, drehte sich Bing noch einmal um und sagte, zu seinem Piloten gewandt: »Herrgott, wenn Sie's so nötig haben, daß Sie sonst die ganze Woche über so 'n Gesicht ziehen, dann fahren Sie eben nach New York übers Wochenende. Ich brauche Sie erst am Dienstag wieder. Und wehe, wenn Sie dann nicht da sind!«

Nicht schlecht, dachte ich. Bing war offensichtlich in Geberlaune. Er streute eine Handvoll texanisches Konfetti in Form von Zwanzigdollarnoten unter die Helfer und vor den Jungen, der sein Auto brachte. Als wir zum Club fuhren, gab er wieder, aber diesmal dem Auto, die Sporen.

Das mußte man ihm lassen, betrunken oder nüchtern: Bing Scott fuhr, als wäre er mit dem Steuerrad zwischen den Händen zur Welt gekommen.

In zwanzig Minuten waren wir im Club. Nach fünfundzwanzig Minuten stand ich unter der Dusche, nach vierzig Minuten saßen wir mit Alice und Eve an der Bar.

Als ich sie sah, dachte ich an die Zündkapseln in meiner Manteltasche, die Eve aus diesem Leben reißen würden. Sie machte es mir leicht. Den ganzen Abend benahm sie sich mir gegenüber eklig.

Ich konnte ihrer scharfen Zunge nicht immer die

Antwort geben, die sie verdient gehabt hätte, weil ich fürchtete, daß Bing oder Alice zuviel verstanden hätten. Wenn ich trotzdem nicht auf die Zähne biß, sondern mich genüßlich in meinem Sessel zurücklehnte, dann nur deshalb, weil ich an die zwölf Zündkapseln dachte, die sie töten würden.

Als wir uns verabschiedeten, wußte ich, daß sie zu Hause auf mich warten würde. Ein paar hundert Yard vor ihrem Haus trat ich in eine Telefonzelle und rief sie an. Ich sagte, daß ich erst in einer halben Stunde bei ihr sein könnte, weil ich mich gerade erst von den Scotts losgerissen hätte.

Von der Telefonzelle bis zu ihrem Haus waren es höchstens zwei Gehminuten. Ich ging über den weichen Rasen, der von hüfthohen Hecken eingezäunt wurde. In weniger als zehn Minuten stand ich in der Garage, die vom Jagdzimmer im Haus nicht zu sehen war.

Mit dem Schraubenzieher entsicherte ich die Zündkapsel. Ich befestigte sie zwischen Felge und Reifen. Es war einfach, denn der Reifen gab schnell nach und preßte, als ich den Gummi zurückschnappen ließ, die Kapsel gegen die Felge.

Sorgfältig legte ich den dünnen Kupferdraht darüber.

Jetzt konnte das winzige Radio die tödliche Botschaft empfangen.

Ich erhob mich aus der Hocke und steckte die kleine Taschenlampe ein, die ich benutzt hatte.

Ich ging den Weg zurück, den ich gekommen war, stieg in mein Auto und fuhr wieder zu Eves Haus. Meinen Wagen parkte ich vor ihrem Haus.

XVII

Den nächsten Tag verbrachte ich damit, die einzelnen Radioteile zusammenzutragen, die den Funkimpuls hinüber zu der Zündkapsel tragen sollten.

Wenn der Funkstrahl den Transistor in der winzigen Kapsel trifft, glühen die beiden Drähte und bringen das Pulver zur Explosion.

In einem Peewee ist verdammt wenig Pulver. Es würde am Vorderreifen wahrscheinlich nicht einmal eine Brandspur hinterlassen. Wenn natürlich Spezialisten das Autowrack später durchkämmten, könnten sie vielleicht auf die Spur der Ursache kommen, aber es war unwahrscheinlich, daß Spezialisten eingesetzt würden.

Als ich mein Radio zusammen hatte, fuhr ich übers Land, um das auszuprobieren, was Davidson mir über das Sprengen gesagt hatte. Ich warf die Peewees vielleicht ein paar Dutzend Yards weit auf eine Wiese, dann fuhr ich im Wagen vorbei und schickte den Funkstrahl.

Mein Herz machte einen Sprung, als ich die kleinen Explosionen sah.

Es war etwa drei Uhr, als ich in meine Wohnung zurückkam. Ich war bester Laune. Ich hatte vor, mich unter die Dusche zu stellen und mich anschließend mit Charlene Carter zu treffen. Ich benutzte sie immer noch. Es war immer gut, so ein Mädchen in Fort Worth zu haben, das man bei gesellschaftlichen Anlässen vorzeigen konnte. Das auch im Hinblick auf meine Vizepräsidentschaft bei AMAL.

Ich kam nicht bis zur Dusche.

Jerry Mulloy wartete vor meiner Wohnung. Er saß in dem Seville, den er sich gekauft hatte, nachdem Eve sich von ihm getrennt hatte. Ich brachte ihn in meine Wohnung und machte uns ein paar kühle Drinks.

Er setzte sich hin, ohne ein Wort zu sagen, akzeptierte den Drink und wartete offensichtlich meine Frage ab.

»Was ist los, Jerry?« fragte ich schließlich.

Er nahm einen langen Schluck, bevor er antwortete. Ich kannte seine Frage schon.

»Ihr Freund«, begann er, »ist er schon in der Stadt?«

»Ja«, sagte ich ruhig, »er ist hier. Er macht sich Gedanken und überlegt, wie er es anzustellen hat.«

»Am Donnerstag kommt unsere Trennung vor Gericht«, sagte er, »der Bastard soll sich bis dann gerührt haben.«

»Er wird sich bis dann gerührt haben. Er arrangiert einen Unfall.«

»Er muß gut sein«, sagte Jerry. »Eve hat jeden Tag ein paar Zeilen in den Zeitungen. Es muß sehr glaubhaft sein, sonst sind wir dran.«

»Das wird der Junge auch wissen«, sagte ich. »Ich glaube schon, daß es keine Panne gibt. Dieser Killer macht keine Fehler.«

Ich fragte mich, wieviel von dieser »Freund-Geschichte« er wirklich glaubte, aber ich kam zu der Überzeugung, daß er sie aufrechthielt, weil es ihm komplikationsloser schien. So konnte man sich auch später noch freundlich im Club und an der Bar unterhalten wie respektable Leute.

»Was ist mit ihm, Jeff?« fragte Jerry. »Geht's um Geld? Hat er deshalb noch nicht angefangen?«

»Nein«, sagte ich. »Soviel ich weiß, hat es einige technische Schwierigkeiten gegeben, die aber jetzt behoben sein dürften.« Ich wollte das Thema wechseln und probierte es. »Noch einen Drink, Jerry?«

»Nicht für mich, danke. Ich wollte nur hören, daß auch alles getan wird, um . . .«

Er vollendete den Satz nicht.

»Er wird mich anrufen«, sagte ich. »Sobald er das getan hat, werde ich Sie benachrichtigen, damit Sie aus dem Weg gehen können.«

Er saß da, rollte das Glas zwischen seinen großen Händen. »Ich wollte es nicht so! Wirklich, ich wollte es nicht! Wenn man doch nur etwas anderes machen könnte . . .« Die Stimme versagte ihm. Er hob das Glas und trank den Rest in einem einzigen Schluck.

»Sagen Sie Ihrem Freund, daß ich ihn kreuzigen werde, wenn seine Arbeit nicht erfolgreich ist . . . ganz egal wie lange es dauert, bis ich ihn finde.«

Jerry Mulloy stand hastig auf und verließ meine Wohnung, ohne ein weiteres Wort zu sagen.

Ich setzte mich hin und machte mir einen neuen Drink. Ich hatte noch etwas Zeit, um mich für Charlene Carter frisch zu machen.

Heute war nicht der Tag, um meine Vorsätze durchzuführen. Das Telefon klingelte, noch bevor ich das Wasser auf den Bourbon gegossen hatte.

Einen Augenblick lang dachte ich, das verdammte Ding einfach klingeln zu lassen, aber das gehört zu den Sachen, die ich nie fertiggebracht habe. Ich hob den Hörer ab.

»Jeff?«

Tom Scotts Stimme klang schleppend vom Alkohol, den er konsumiert haben mußte.

»Ja?«

»Hier ist Tom. Ich muß Sie sehen. Dieser widerliche . . .«

Ich unterbrach. »Hat das nicht Zeit? Ich habe eine Verabredung zum Essen.«

»Hat keine Zeit. Ich komme rüber. 's ist wichtig.«

Er war in weniger als fünfzehn Minuten da. Ich ließ ihn

ein, bevor er mir das Holz aus der Tür schlagen konnte. Er stolperte ins Wohnzimmer und ließ sich in einen Sessel fallen, als wenn er keine drei Schritte mehr hätte tun können.

»Ich muß was unternehmen«, murmelte er, »Ihr Freund muß noch mal kommen, hab' wieder 'n Job für ihn.«

»Sie sind zu betrunken, um vernünftig reden zu können.«

Er ruderte einen Arm durch die Luft. »'türlich bin ich betrunken, aber ich werd', verdammt noch mal, mich mein ganzes Leben lang besaufen, wenn Sie nicht dafür sorgen, daß der Hurensohn von meinem Bruder verschwindet.«

Jetzt wußte ich es. Tom Scott hatte Wind bekommen, daß Bing ihm die zwanzig Prozent von Maxine weggenommen hatte.

Himmel! Es war ganz allein meine Schuld! Ich hatte Tom auf die wahnsinnige Idee gebracht, daß er durch Mord jedes Problem lösen konnte.

»Ich will haben, was mir gehört!« schrie er unbeherrscht. »Und machen Sie, daß ich es bekomme! Dieser Hundesohn Bing will Maxines zwanzig Prozent kassieren. Und ich lasse mir von dem gemeinen Hund nichts mehr gefallen!«

Er griff in seine Tasche und kam mit einer Handvoll Geldscheinen zurück. »Wissen Sie, wieviel ich hier habe?« fragte er und klatschte das Geld auf den Tisch, bevor er sich anschickte, seine übrigen Taschen zu leeren. »Ich habe Zehntausend von den Konten abgehoben. Achtzehntausend sind noch da. Und das ist alles! Alles!« Er fluchte auf seinen Bruder Bing in Stärken, die keine Druckmaschine der Welt aushält, ihm fielen Ausdrücke ein, die man nur schafft, wenn man entweder betrunken oder bis zur Weißglut wütend ist. Er war beides.

»Machen Sie, daß Sie rauskommen, Tom.«

»Hören Sie bloß auf damit!« schrie er mich an. »Ich will, daß der Kerl, der sich Maxines angenommen hat, jetzt auf Bing angesetzt wird. Ich will, daß dieser Hundesohn von einem Bruder stirbt! Sterben soll er! Verstehen Sie mich? Und ich will, daß es schnell geschieht. Mir ist völlig egal, wie, aber ich will mein Geld und dieses Schwein . . .«

»Machen Sie, daß Sie rauskommen, Sie kleinkarierter Idiot!« explodierte ich. Ich merkte, daß ich begann, die Kontrolle über mich zu verlieren. Ich packte ihn am Arm und riß ihn aus dem Sessel hoch. Torkelnd kam er auf die Füße. »Wenn Sie auch nur halb soviel wert wären wie Ihr Bruder Bing, ließe ich mir das noch gefallen . . .«

»Werden Sie nicht ruppig!« schnarrte er. »Sie haben meine Frau getötet. Ich könnte Sie ins Gefängnis . . .«

Ich ließ ihn den Satz nicht aussprechen. Ich warf ihn in den Sessel zurück. »Jetzt hören Sie mir mal gut zu, Sie elender Wicht. Sie hängen in dieser Sache tiefer drin als irgendeiner. Wenn Sie einen Ton über Maxine ausplaudern, gehen Sie mit mir. Sie brennen schneller als ich, das garantiere ich Ihnen. Auf solche Typen hab' ich gerade noch gewartet.«

Je länger ich redete, desto deutlicher wurde mir bewußt, was dieser kriechende, nichtsnutzige Schwächling von mir verlangte . . . Ich sollte Bing umbringen . . .

Er krümmte sich in dem Sessel. Sein Gesicht hatte die Farbe von Weizenmehl. Ich glaube, seine Furcht brachte mich wieder unter Kontrolle.

Jetzt war es heraus, jetzt konnten wir offen miteinander reden.

»Reden Sie sich nur nicht ein, daß Sie mit unserer Abmachung nichts zu tun haben. Ja, ich habe Ihre Frau für Sie getötet. Wollen Sie damit Schlagzeilen machen?

Können Sie – aber zuerst bekomme ich mein Geld. Und merken Sie sich: Ich bekomme jeden Cent, und wenn ich die Summe dollarweise aus Ihnen herausprügele.« Ich nahm die zehntausend vom Tisch. »Ich will weitere zehntausend, die Sie noch von den Konten abheben können. Und jeden Monat verlieren Sie fünfhundert beim Golfspiel. Macht sechstausend im Jahr. In fünf Jahren haben Sie's geschafft.«

Wie ein Mehlsack lag er im Sessel. »Ich kann nicht . . .«

»Sie können, mein Freund, Sie können.« Ich sah, daß meine Worte ihn trafen wie kleine Messerstiche. »Und denken Sie daran: Wenn man mich auf den Stuhl bringt, sitzen Sie auf meinem Schoß.«

»Aber – Bing wird mich so knapp halten . . . viel knapper als Maxine.«

»Nein, das wird er nicht. Dafür werde ich sorgen. Und wenn mir das nicht gelingt, wird mir schon was einfallen, um Ihnen irgendwo 'ne neue Quelle aufzutun.«

»Sie?« In seiner Stimme lag das Entsetzen eines Mannes, der schockiert auf seine abgehackte Hand sieht.

»Was könnten Sie schon für mich tun?«

»Ich dachte mir, daß Sie's noch nicht wissen. Am nächsten Ersten fange ich bei AMAL als Vizepräsident des Verkaufs an.«

»Sie Verbrecher, Sie Schwein!« Seine Stimme klang jetzt völlig leer, hohl.

»Über diese Stimmung werden Sie bald hinwegkommen«, sagte ich. »Vergessen Sie nicht, daß wir so etwas wie Freunde bleiben müssen, damit wir wöchentlich unser kleines Golfmatch absolvieren können.«

»Aber . . .« Glanz kehrte in seine Augen zurück. »Wenn Bing nicht da wäre, könnte ich alles haben. Nichts könnte mich davon abhalten, AMAL zu besitzen, dann würden Sie und ich . . .«

Ich ging auf ihn zu und schlug ihm unvermittelt meinen Handrücken ins Gesicht.

»Sagen Sie das nicht noch einmal«, sagte ich ruhig. »Wenn Sie Bing auch nur ein Härchen krümmen, bringe ich Sie mit meinen bloßen Händen um.«

XVIII

Die ersten Tage bei AMAL waren mehr als arbeitsreich. Ich begann zu erfahren, worauf Manager und Vizepräsidenten ihre Magengeschwüre zurückführen. Meine Verkaufsideen waren realisiert worden von der ersten Stunde meines Dienstantritts an. Bing hatte das sofort veranlaßt.

Am zweiten Dienstag fand ich ihn in meinem Office. Er stand hinter meinem Sessel, den Rücken zur Tür. Sein Blick saugte sich an einer Landkarte fest, die hinter meinem Schreibtisch hing. Unsere Filialen waren eingezeichnet, unsere Felder und Verkaufsstationen.

Er sprach, bevor er sich umdrehte. »Da Sie jetzt schon ein paar Tage hier sind, Jeff, möchte ich Ihnen eine Frage stellen. Wieviel dieser Karte wollen Sie für AMAL einnehmen?«

»Es geht nicht um das, was ich will. Es geht darum, wieviel AMAL schafft.«

Dann drehte er sich um und lächelte. Der Glanz in seinen Augen sah fast wie Fieberglanz aus. »Dann los.« Er ging um meinen Schreibtisch herum und deutete auf meinen Sessel. »Setzen Sie sich und schießen Sie los.«

»Ich bleibe lieber stehen«, sagte ich, »dann kann ich es Ihnen besser auf der Karte erklären.«

»Ich nehme an, Sie haben immer noch die Mississippi-Operation vor?« fragte er.

»Das liegt nicht mehr in meiner Entscheidung«, gab ich zurück. »Die Aktion läuft. Und ich wollte Ihnen vorschlagen, nach dem Mississippi-Verfahren einige andere Staaten auf Vordermann zu bringen.«

»Kostet 'ne ganze Stange Geld«, sagte Bing.

»Sind Sie an Zahlen interessiert?« fragte ich. Ich öffnete eine Mappe, die auf meinem Schreibtisch obenauf lag. »In drei weiteren Staaten liegen wir unter den Konkurrenzpreisen, um zwei Cent in Kalifornien und Ohio, um vier Cent in Nevada. Wenn wir jetzt das Mississippi-Verfahren in allen drei Staaten anwenden, kostet uns das . . . .«

»Um Himmels willen, Jeff – jetzt sagen Sie nicht, daß Sie das schon alles ausgerechnet haben? Sie legen sich ja mächtig ins Zeug.«

Ich setzte mich hinter meinen Schreibtisch und wartete eine längere Zeit, bevor ich antwortete. »Sie glauben doch nicht, daß ich Ihnen eine so tiefgreifende Änderung unserer Verkaufspolitik in drei oder vier Staaten vorschlage, ohne zu berechnen, was uns der Spaß kostet, oder?«

»Nein«, sagte er, und der Glanz in seinen Augen wurde noch kräftiger. »Das ist einer der Gründe, warum ich weiß, daß Sie der richtige Mann sind.«

Ich lehnte mich in meinem Sessel zurück und zündete mir eine Zigarette an. »Ich kann Ihnen meine Pläne vortragen, damit Sie genau wissen, was ich im ersten Jahr vorhabe«, begann ich.

Und als ich meinen Vortrag beendet und in Aussicht gestellt hatte, daß wir in allen West- und Mittelweststaaten innerhalb eines Jahres rund siebenundzwanzig Prozent der Tankstellen besitzen würden, sprang er auf.

»Über ein Viertel!« rief er. »Davon habe ich mein ganzes Leben lang geträumt! Glauben Sie wirklich, daß wir es schaffen, Jeff?«

»Wer will das wissen, solange wir es nicht versuchen? In jedem Fall steht aber fest, daß wir ein ganzes Stück an Boden gewinnen, auch wenn wir unser hochgestecktes Ziel nicht erreichen.« Ich drückte meine Zigarette im Aschenbecher aus. »Wen kennen Sie im Innenministerium? Und gibt es eine Möglichkeit, ein paar der führenden Leute kennenzulernen, die für die Highways der einzelnen Staaten zuständig sind?«

»Was führen Sie jetzt schon wieder im Schilde?«

»In den nächsten zwei Jahren gehen 31 Billionen Dollar dafür drauf, neue Highways zu bauen. Wenn auch nur jede vierte der 50-Meilen-Tankstellen AMAL führt, haben wir in zwei Jahren mindestens 1600 Niederlassungen mehr. Und wenn wir in der Werbung verkünden, daß der Fahrer, der New York verläßt, an jeder Tankstelle in jedem Staat zum gleichen gewohnten Preis tanken kann, vorausgesetzt, er tankt bei AMAL, haben wir eine Menge Kunden gewonnen.«

»Aber die Highway-Tankstellen werden dem besten Anbieter gegeben«, wandte Bing Scott ein.

»Deshalb brauchen wir ja die Unterstützung des Innenministeriums. Daß wir von Küste zu Küste den gleichen Preis halten wollen, müßte die Leute vom Bund in Washington interessieren. Zufällig«, sagte ich und lächelte, »zufällig habe ich eine Aufstellung der Kosten hier für Tankstellen in allen Staaten, in denen neue Highways gebaut werden. Nächste Woche will ich Lou Marino treffen, um mit ihm über eine Zusammenarbeit zu reden. Ich glaube, es ist interessant für ihn, neben jeder AMAL-Tankstelle eine Marino-Raststätte zu bauen. Das würde unsere Kosten um die Hälfte senken. Dann will ich mit Allied Auto Service reden, damit sie an allen AMAL-Tankstellen auf den Highways Reparaturwerkstätten einrichten.«

»Soll AMAL etwa ins Gaststätten- und Autogeschäft einsteigen?« fragte Bing skeptisch.

»Himmel, nein. Ich will unser Angebot nur so attraktiv machen, daß die Highway-Direktoren gar nicht anders können, als uns den Zuschlag zu geben.«

»Hört sich gut an.«

»Es ist auch gut. Bing, wenn wir mit den beiden anderen Firmen ins Geschäft kommen und mit unserem Kostenangebot auch nur irgendwo in der akzeptablen Mitte liegen, dann ist das Geschäft so gut wie gemacht für uns. Dann brauchen wir nur noch ein paar Cadillacs unters Volk zu werfen – das sicherste Zeichen, daß wir uns zu den vier Großen zählen.«

»Okay, mein Sohn«, sagte er. »Die Peitsche haben Sie – jetzt müssen Sie zusehen, wie weit Sie die Esel damit treiben können. Am Wochenende fliege ich nach Washington, um von oben für uns zu arbeiten.«

Bings Gesicht war in Schweiß gebadet. Seine Stirn sah so aus, als hätte jemand eine Lampe dahinter angezündet. Ich hatte ihn so aufgebracht und engagiert gesehen – seit damals in Las Vegas, als er das Geld in großen Scheinen unter die Leute geworfen hatte.

»Wir müssen dieses Geschäft aus dem Kopf heraus machen«, sagte ich. »Keine schriftlichen Aktennotizen. Nichts Schriftliches, wenn man es behalten kann. In einem Monat habe ich eine fixe und endgültige Kostenaufstellung zusammen. In der Zwischenzeit müssen Sie zusehen, die Parteien von uns zu begeistern. Es gibt 48 Highway-Direktoren – die gilt es zu verführen.«

»Keine Korruption, Jeff«, sagte er steif.

»Nicht, wenn es sich vermeiden läßt.«

»Brauchen Sie Phil Goetz und das Flugzeug?« fragte er.

»Wenn das möglich ist. Lassen Sie ihn mir wenigstens, bis ich einen eigenen Piloten einstellen kann.«

Er langte zum Telefon und sagte Bescheid. Ich schaute auf meine Uhr. Ich war seit weniger als zehn Tagen bei AMAL-Oil, und Bing war höchstens eine Stunde in meinem Office. In dieser Zeit hatte ich mich auf den Fahrersitz geschwungen. Ich hatte es geschafft – ich war ganz oben.

Ich war zu nervös, um etwas zu unternehmen. Ich weiß, daß es Unsinn war, aber ich fürchtete, daß der Füllfederhalter zerbrechen könnte, wenn ich ihn in die Finger nehmen würde.

Das Gefühl blieb lange in mir. Es nahm noch Besitz von mir, als ich an diesem Abend Eve Mulloy in die Arme nahm.

XIX

Jetzt blieb noch eine Aufgabe zu erledigen. Ich mußte Eve Mulloy dazu bringen, mit hoher Geschwindigkeit über eine einsame Straße zu rasen, daß ich sie verfolgen und auf den kleinen Knopf drücken konnte, der ihr Auto und sie pulverisieren würde. Ich mußte sehen, daß wir es zur Gewohnheit machten, uns irgendwo draußen, etwa zwanzig Meilen von Forth Worth entfernt, zu treffen, dann hätte ich eine Chance.

Ich brauchte nicht lange dazu. Da die Gerichtsverhandlung bevorstand, wußte Eve, daß jeder noch so kleine Seitensprung sie all das Geld kosten könnte, was sie von Jerry zu erwarten hatte. Sie begrüßte den Gedanken, daß wir uns auf neutralem Gebiet treffen sollten, nicht mehr in ihrem Haus – wenigstens, bis das Urteil feststand.

Sie fand auch schnell den idealen Treffpunkt. Es war eine Blockhütte am Eagle Bergsee. Nichts Mondänes, aber wenigstens nachts sehr einsam und sicher.

Der Straße, die dort hinaufführte, hätte auch nicht besser sein können. Bei der ersten Fahrt wußte ich schon, wo Eve den Unfall erleiden würde. Ich hatte sie vor einem Geschäft in Forth Worth getroffen, sie war in meinen Pontiac eingestiegen und zusammen mit mir den Weg zur Blockhütte gefahren.

Ich beobachtete die Straße sehr genau. Sie war ziemlich gerade und eben, und an einer Stelle, wo man Höchstgeschwindigkeit fahren konnte, befand sich eine vom Regen ausgewaschene Ausbuchtung.

Nachts war kaum Verkehr auf der Straße, und auf mindestens sechs Meilen sah ich kein einziges Haus. Wer an dieser ausgewaschenen Stelle die Kontrolle über sein Auto verliert, fällt etwa zwölf Meter tief, denn die gesamte Straße bis fast zum Blockhaus lag auf dem Grat eines Hügels.

Das Blockhaus selbst lag gute drei Meilen vom Highway 114 entfernt. Es war so versteckt gebaut, daß es Eves Bedürfnissen sicherlich schon mehrfach zuvor gedient hatte. Ich fragte mich, wie lange sie Tom Scott schon hinters Licht geführt hatte. Wahrscheinlich erst seit Maxines Tod. Aber vorher hatte sie sicher ein paarmal die Blockhütte von innen kennengelernt.

Wir hatten zwei Nächte da oben in der Einsamkeit hinter uns, als ich vorschlug, das nächstemal zwei Wagen zu nehmen. Ich brauchte nur daran zu erinnern, wie einfach es wäre, daß uns jemand zusammen in einem Wagen sieht und uns hierhin verfolgt.

Eve war nicht dumm. Sie wollte um keinen Preis der Welt, um keinen Liebhaber auf dieser Erde Gefahr laufen, daß Jerry Mulloy ihr im Gerichtssaal Untreue beweisen konnte.

Sie war sofort einverstanden. Die dritte Nacht würde also die letzte sein.

Ich rief Jerry Mulloy nachmittags an. Als er antwortete, hörte sich seine Stimme an, als ob jemand ein Messer an seinen Hals hielte.

»Können Sie sprechen, Jerry?«

Er sagte, er wäre allein in seiner Wohnung, ich fuhr also fort: »Der Spezialist, den Sie verlangt haben, ist bereit – heute abend wird er handeln.«

Lange sagte Jerry nichts. Als seine Stimme endlich zu mir durchdrang, war sie so leise, daß ich ihn kaum verstehen konnte.

»Wir sollen uns morgen bei ihrem Anwalt treffen, um eine Vereinbarung zu fixieren.« Dann schwieg er wieder, und diesmal dauerte es so lange, daß ich hätte denken können, die Leitung wäre tot, wenn ich nicht sein schweres Atmen gehört hätte. »Aber Eve . . . sie wird nicht . . . nicht da sein?«

»Nein«, sagte ich.

»Sie wird nicht da sein.«

Sein Keuchen drang laut an mein Ohr. Ich dachte einen Augenblick lang, daß er einen Kreislaufkollaps bekommen würde oder einen Nervenzusammenbruch oder so etwas Ähnliches. Ich mußte ihm gut zureden.

»Morgen ist alles vorbei.«

»Alles vorbei.« Seine Stimme war völlig tonlos.

»Warum gehen Sie nicht raus und betrinken sich irgendwo?« fragte ich. »Wo es laut hergeht.« Ich legte auf und blieb noch eine Weile in der Zelle stehen, auf das Telefon blickend. Manchmal ist es besser, wenn man die Verbindung unterbricht, damit der andere nicht mehr die Chance hat, sich die ganze Sache doch noch anders zu überlegen.

Ich ging in meine Wohnung. Den Rest des Tages verbrachte ich damit, meine Ausrüstung zu überprüfen.

In das Transistorradio legte ich neue Batterien, damit der Funkstrahl genügend Kraft hatte. Am frühen Nachmittag fuhr ich die Strecke einmal ab, um sie mir im Tageslicht anzusehen.

Die Strecke und besonders der ausgewaschene Teil war ideal für meine Zwecke. Ich sah den Unfall schon geschehen. Ich war ziemlich sicher, daß Eve mit mindestens achtzig Meilen bis an diese schadhafte Straßenstelle herangebraust kam, genau dort drückte ich auf den Knopf und die Zündkapsel des »Peewees« würde ganze Arbeit verrichten. Eve Mulloys Auto geriet ins Schleudern, stürzte die Böschung herunter, und wer mit dieser Geschwindigkeit in diese Tiefe stürzte . . .

Ich fuhr zurück nach Forth Worth und rief Eve an. Wir verabredeten uns für Mitternacht. Mein zweiter Anruf galt Charlene Carter. Mit ihr verabredete ich mich zum Abendessen und zu einem anschließenden Kinobesuch.

Um elf Uhr brachte ich Charlene nach Hause. Ich entschuldigte mich damit, daß ich heute eine harte Golfpartie zu spielen gehabt hätte und morgen einen arbeitsreichen Tag haben würde.

Wie ich mit Eve verabredet hatte, wartete ich dort, wo sich der Highway 114 mit der Bergstraße kreuzt. Ich wartete erst ein paar Minuten, als ihr Auto herangeschossen kam. Sie sah mich, blinkte wie verabredet und raste weiter.

Ich folgte mit mäßigem Abstand.

Eve war eines jener lebenshungrigen Geschöpfe, die alles in ihrem Leben auf einmal haben wollen, Geld, Liebhaber, Glück und Macht. Und sie konnte nie genug von allen diesen Dingen bekommen.

Heute würde sie genug bekommen.

Ich trat heftiger auf mein Gaspedal, damit sie meinem

Pontiac nicht allzuweit davonraste. In etwa fünf Minuten hatten wir die Stelle erreicht, wo Eves Leben so unerwartet enden sollte.

Bis jetzt, da wir noch in der Bannmeile der Stadt gewesen waren, hatte sie nur runde siebzig Meilen mit ihrem schweren Coupé gemacht. Jetzt aber legte sie mächtig zu. Sie ließ den Cadillac spüren, wer die Gewalt über die paar hundert Pferdestärken hatte.

Noch gelang es mir, etwa zweihundert Yard hinter ihr zu bleiben, und mein alter Pontiac gab sich die größte Mühe, es mit dem großen Bruder aufzunehmen.

Die größte Mühe genügte nicht. Eve legte ein wahnwitziges Tempo vor. Ich verrenkte mir fast den rechten Fuß, der so stark aufs Gaspedal trat, daß ich fürchten mußte, unten durchzurutschen. Ich machte jetzt hundert Meilen.

Der Abstand vergrößerte sich.

Sie spielte Katz und Maus mit mir. Sie mußte meine Scheinwerfer gesehen haben, mußte gemerkt haben, daß ich auch an Tempo zugelegt hatte. Ich kannte sie, und ich hätte wissen müssen, daß ihr das Gefühl unerträglich war, in irgendeiner Sache zu verlieren.

Sie zog den Cadillac vor mir weg, als ob ich stünde. Ich konnte nicht warten, bis wir die ausgewaschene Straßenstelle erreicht hatten, dort würde sie mich längst abgehängt haben.

Es mußte jetzt sein!

Ich nahm eine Hand vom Steuer und drückte auf den Knopf.

Nichts geschah.

Der Abstand war zu groß. Die Schlußlichter des Cadillac entfernten sich immer weiter, wurden immer kleiner.

Verzweifelt drückte ich auf den Knopf. Mein rechter Fuß hielt das Gaspedal weiter unten, mein Zeigefinger pumpte den Knopf auf und nieder.

Nichts geschah.

Ich hoffte, daß sie mich noch einmal aufkommen ließ. Sie hatte mir ja gezeigt, daß sie die bessere Fahrerin im schnelleren Auto war, vielleicht genügte ihr das.

Ich klammerte mich an diese letzte Möglichkeit, ließ alle meine Gedanken darum kreisen, konzentrierte mich so sehr auf meine letzte Hoffnung. Und machte nicht der Weg weiter oben eine Kurve? Ich war immer ein guter Kurventechniker gewesen. Ja, da würde ich wieder näher an sie herankommen. Es ist ja eine Tatsache, daß selbst gute Autofahrerinnen oft einen Horror vor gefährlichen Kurven haben.

Jetzt fuhr ich an der ausgewaschenen Stelle vorbei, wo es hätte passieren müssen. Ich verminderte meine Geschwindigkeit nicht, raste mit hundert und ein paar Meilen durch die großen Schlaglöcher, Steine spritzten auf, einer flog gegen die Windschutzscheibe, aber ich achtete nicht darauf, ich hatte größte Mühe, den Wagen mit einer Hand zu lenken, mit der linken auch noch, weil ich mit der rechten an dem Transmitter arbeitete, drückte, drückte, drückte . . .

Sie hatte längst die Reichweite des Funkstrahls verlassen.

Ich fuhr wieder langsam.

Es hatte keinen Zweck. Eines habe ich immer beherzigt: Nichts übers Knie brechen. Wenn es nicht so läuft, wie man es sich vorgestellt hat, dann kann das zwar besonders peinlich werden, aber tödlicher kann es sein, überhastet eine Notlösung zu suchen.

Sie muß mich um mindestens fünf Minuten geschlagen

haben. Sie drückte gerade ihre erste Zigarette im Aschenbecher aus, als ich die Blockhütte betrat.

»Wo bist du denn so lange gewesen?« fragte sie sarkastisch.

»Hundert Meilen sind für mich schnell genug«, gab ich zurück.

»Für mich nicht. Wenn es ein Auto gäbe, das dreimal so schnell fährt, würde ich es kaufen.« Sie kam auf mich zu.

»Jetzt sind wir also hier, mit zwei Wagen, wie du gewollt hast. Und was jetzt?«

»Du weißt genau, was jetzt . . .«

»Du bist ja wütend. Oh, das ist aber schön.« Sie drehte sich um und ging ins Schlafzimmer. Ich folgte ihr.

XX

Der Morgen dämmerte, als ich in meine Wohnung zurückkam. Die ungeheure physische und psychische Anspannung hatte mich wie ausgehöhlt zurückgelassen. Einen Augenblick lang lehnte ich mich gegen das Oberteil meines Küchenschrankes.

Dann schleppte ich mich ins Wohnzimmer. Ich hatte ein Tonband am Telefon meiner Sekretärin angeschlossen. Deshalb konnte ich mich jetzt etwas erholen, wenn ich ihr schnell sagte, was es inzwischen für sie zu tun gab. Ich wählte und gab eine Nachricht durch.

»Miß Starrett«, sagte ich, nachdem der Aufnahmeton durch den Hörer gekommen war, »bitte rufen Sie mich um zehn Uhr fünfzehn an. Rufen Sie vorher Phil Goetz an und sagen Sie ihm, daß ich ihn morgen früh um sieben Uhr fünfundvierzig marschbereit erwarte. Wir fliegen nach Jackson, Mississippi. Veranlassen sie die erforderlichen Reservierungen. Ich brauche die Unterlagen über die Operation Mississippi, lassen Sie sie ins Flugzeug bringen. Arrangieren Sie einen Gesprächstermin mit Mr. Louis Marino am Freitagmorgen in New York. Am Freitagabend möchte ich mit Harry Frederick von Allied Auto Service in New York essen gehen – übermitteln Sie ihm meine Einladung.«

Ich mußte erst mal schlucken. In den frühen Morgenstunden fallen mir lange Sätze sehr schwer. Meist bekomme ich das Ende nicht mehr so hin, daß es noch einen Sinn ergibt.

»Irgendwann am Samstag werde ich zurück sein«, fuhr ich fort. »Wenn Sie alles erledigt und veranlaßt haben, nehmen Sie sich frei, bis ich zurück bin. Vielleicht müssen wir am Wochenende ein paar Stunden arbeiten. Und vielen Dank.«

Ich legte auf und dachte an eine heiße Dusche. Aber ich kam nicht einmal mehr von der Couch hoch.

Wie lange ich geschlafen hatte, als das Telefon klingelte, weiß ich nicht. Ich wußte aber, daß es zehn Minuten vor zehn Uhr war, als das Klingeln mich aus den wildesten Träumen riß.

Ich schüttelte mich ein paarmal, fluchte über den steifen Hals, den ich den harten Sofakissen verdanken konnte und griff nach dem Hörer.

Jerry Mulloys Stimme drang durch den Draht, als ob er auf Ameisen säße. »Jeff! Ich muß mit Ihnen reden! Sofort!« Die Wörter sprudelten nur so aus ihm heraus, unkontrolliert. »Es ist abgeblasen, Jeff! Ich bring's nicht mehr über mich. Gestern abend noch – ja, aber heute, nein, das geht nicht mehr!«

»Langsam, Jerry, langsam. So, jetzt fangen Sie noch mal von vorn an. Ich bin von Ihnen aus dem Schlaf gerissen worden und habe kein Wort verstanden.«

»Ich sagte: Schicken Sie Ihren Freund wieder weg!«

»Sie sagten *was?*«

»Ich sagte: Schicken Sie Ihren Freund wieder weg!«

»Sie kommen am besten mal rüber, Jerry.«

»Ich ändere meine Meinung nicht mehr, Jeff. Die Sache ist vorbei – es wird nichts aus unserem Geschäft. Ich habe die ganze Nacht nicht schlafen können – vor Sorgen – habe darauf gewartet, von Ihnen zu hören. Und dann habe ich sie heute morgen gesehen, im Office ihres Anwalts, lebendig. Ich kann das alles nicht noch mal durchmachen, ich will nicht, hören Sie? Ich will nicht.«

»Es wird nicht noch mal schiefgehen.«

»Es wird nicht noch mal probiert, Jeff! Dafür haben Sie mir zu garantieren!«

»Was ist denn heute morgen passiert?«

»Sie hat mich gequält. Aber das macht nichts, Jeff. Verstehen Sie? Das macht nichts. Ich habe sie gesehen, und da wußte ich, daß ich es nicht mehr tun kann. Ich liebe sie, Jeff. Ich darf nicht zulassen, daß ihr so etwas passiert, was auch immer sie mir antut.« Er wiederholte es noch einmal: »Schicken Sie Ihren Freund weg, Jeff! Für immer!« Dann knallte er den Hörer auf.

Jetzt war ich wach – hellwach.

Ich stellte das Telefon zurück auf den Tisch. Fast wäre es mir aus der Hand gefallen. Meine Handflächen waren so verschwitzt, als hätte ich sie eingeseift. Ich fühlte mein Herz gegen die Rippen hämmern.

Ich brauchte ein paar Minuten, um das zu verdauen, was Jerry Mulloy gesagt hatte. Er wollte nicht, daß Eve, seine Frau, starb.

Das hieß, daß ich die Dynamitkapsel zwischen Felge und Reifen entfernen mußte. Jerry wollte nicht, daß Eve starb – aber ich wollte es.

Ihr Bild nistete sich in mein Hirn ein wie schmutzige Wörter auf Bahnhofs-Toilettenwänden. Sie war da, griff nach mir, wie sie noch vor ein paar Stunden gegriffen hatte.

Ich wollte, daß sie starb, für immer und ewig aus meinem Blickfeld verschwand.

Dann spürte ich, daß ich mich übergeben mußte. Würgend und vornübergebeugt lief ich ins Bad.

XXI

Irgendwie bin ich durch den Tag getaumelt. Ich hatte es nicht für möglich gehalten, daß ich den Tag normal überleben würde, aber als mich meine Sekretärin anrief, war ich trotz meines absoluten Tiefpunktes hellauf begeistert von der sauberen, höchst umsichtigen Arbeit, die sie geleistet hatte.

Es war genau zehn Uhr fünfzehn. Miß Starrett hatte alle Punkte erledigt. Ihre frische Stimme trieb die Nebel aus meinem Schädel. Ich konnte wieder denken. Ich beschloß, höchstens einen Monat zu warten, und ihr dann eine Gehaltserhöhung zu geben. Ich fühlte mich immer noch elend. Ich ging hinüber ins Badezimmer und stellte die Dusche an.

Ich duschte heiß und lange. Ich schrubbte meinen Körper, als könnte ich Eve Mulloys Berührungen abwaschen. Natürlich war es unsinnig, aber ich versuchte sogar, die kleinen Schrammen wegzuwischen, die ihre Fingernägel auf Schultern und Rücken hinterlassen hatten.

Irgendwo hatte ich Musterpackungen von Beruhigungsmitteln herumliegen, mit denen würde ich den Tag vielleicht besser überstehen. Ich nahm zwei und meckerte mit mir selbst, daß ich Schwächling nach Tabletten greifen mußte.

Ich ging in die Küche und stellte Kaffeewasser an. Da erst merkte ich, daß ich immer noch tropfnaß war, daß ich mich nach der Dusche nicht einmal abgetrocknet hatte. Ich trank zuerst den Kaffee, dick, schwarz und stark. Ich blickte auf meine Hände, die von der heißen Dusche leicht aufgequollen aussahen, fast unwirklich, als ob sie mir gar nicht gehörten.

Die zweite Tasse Kaffee veredelte ich mit einem Schuß Brandy. Ich trank sie, während ich mich anzog und den Elektrorasierer durch mein Gesicht fahren ließ. Gegen halb eins kam ich im Büro an.

Ich ging durch einen Nebeneingang und benutzte den Aufzug für die Abteilungsleiter. Jetzt wollte ich nichts anderes als ein paar Dutzend Vorgänge, in denen ich mich vergraben konnte. Das würde mich davor bewahren, mich heillos zu betrinken.

Ich merkte nicht, daß ich nicht allein war, bis sie zu sprechen anfing.

»Sie scheinen sich ja schnell die Gewohnheiten der leitenden Angestellten zu eigen gemacht zu haben, Jeff.«

Die warme Stimme von Alice Scott überspülte mich wie eine Honigwelle.

Ich drehte mich um. Sie saß in dem tiefen Clubsessel, der dem nutzlosen offenen Kamin in meinem Büro gegenüberstand. Deshalb hatte ich sie auch nicht gesehen, als ich hereingekommen war.

Jetzt konnte ich nicht mehr zurück. Aus irgendeinem Grund fühlte ich mich wie ein junger Bursche, der zwischen den Parkbüschen mit der Stadtprostituierten erwischt wird.

Keine Ahnung, was in meinem Gesicht stand oder wie sie es deutete. Es muß so etwas wie ein Schuldeingeständnis gewesen sein, weil sie mich trösten wollte.

»Warum auch nicht?« fragte sie sanft. »Schließlich haben Sie das Zeug dazu, AMAL ganz weit nach vorn zu schießen. Und für solche Leute gibt es keine Uhr.«

Ich lächelte etwas verlegen. »Ich hatte noch ein paar Dinge zu organisieren, bevor ich morgen nach Mississippi fliege.«

Warum sagte ich ihr das?

»Da Sie doch noch gekommen sind, Herr Vizepräsident, würde es Ihnen etwas ausmachen, eine Aktionärin zum Mittagessen einzuladen?«

Verdammt! Da kam ich nicht dran vorbei. Die Aussicht, mit Alice Scott über eine Stunde allein zu sein, verursachte einen heftigen Schüttelfrost. Ich stotterte ein bißchen. »Ich . . . das wäre eine wunderbare Idee.«

»So nebenbei«, sagte sie, »wann geben Sie eigentlich Ihre Wohnung auf, daß Sie in Pauls Zimmer ziehen können?«

»*Was?*« Ich konnte das Entsetzen nicht aus meiner Stimme verbannen. Ich glaubte, daß mir in den vergangenen zehn Stunden schon genug passiert wäre, was nicht hätte geschehen dürfen, aber das war wohl das Schlimmste.

»Bing und ich können in diesem Riesenhaus Nachlaufen spielen. Und außerdem«, fügte sie hinzu, »werden Sie und Bing doch in den nächsten Wochen und Monaten sehr eng zusammenarbeiten. Sie haben doch selbst gesagt, daß nichts Schriftliches festgehalten werden soll. Bietet es sich da nicht an, daß Sie zu uns ziehen?« Sie senkte ihre Stimme um einen Hauch ins Verführerische. »Wir sind ziemlich einsam, Jeff . . . mit Ihnen wäre es fast so, als hätten wir Paul wieder bei uns.«

»Vielleicht sollten wir jetzt zu Mittag essen. Ich kann mir denken, daß Sie hungrig sind«, sagte ich.

Ich sah, daß ich sie verletzt hatte und überlegte mir schnell, wie ich das wieder zurechtbiegen konnte. »Sehen Sie, Alice. Sie und Bing haben viel für mich getan. Aber Sie wollen mich nicht wirklich bei Ihnen zu Hause haben. Ich bin ein Kind aus den Slums, das sich nach oben geboxt hat und von Ihnen und Bing schließlich zu dem gemacht worden ist, was ich seit vierzehn Tagen bin . . . Ich wüßte nicht einmal, welche Gabel ich zuerst benutzen sollte, wenn Sie mal eine Party geben.« Ich wollte, daß es sich lustig anhörte, aber als ich in Alices Gesicht sah, wußte ich, daß mir das nicht gelungen war. Vielleicht war heute nicht der richtige Tag, um Alice mit richtigen Argumenten überzeugen zu können.

»Wir wollen Sie nicht drängen, Jeff. Es ist wahr, daß wir Sie gern bei uns hätten – aber nicht, wenn Sie nicht bei uns sein wollen.«

Sie war den Tränen nahe. Ich sah, wie sie sich auf die Lippen biß, um sich Kraft zu geben, die Tränen zurückzuhalten.

»Mein Gott, Alice, haben Sie und Bing denn nicht schon genug für mich getan? Sie haben mir eine Chance geboten, von der ich nicht einmal geträumt habe. Sie haben mich unterstützt, nach oben gebracht, mir geholfen . . .«

»Ihnen eine Familie gegeben? Das wollen wir, Jeff, nicht mehr. Ich wollte es, seit ich Sie das erstemal gesehen habe. Zwischen Bing und mir ist nicht alles so, wie es zwischen Eheleuten sein sollte, seit das mit Paul passiert ist. Unsere Welt ist aus dem Gleichgewicht geraten, auseinandergerissen. Als Sie kamen, sahen wir unseren Sohn wieder lebend vor uns – in Ihnen. Ich glaube, wir haben zu hastig zugegriffen. Entschuldigen Sie.«

Jetzt hatte ich es in der Hand. Entweder log ich . . . oder ich konnte alles verlieren. Ich ging hinüber zu ihrem Stuhl. Fast hätte ich mich wieder übergeben müssen. Ich hockte mich auf die Armlehne und legte meinen Arm um ihre Schulter.

»Ihr braucht mich nicht zu kaufen, Alice«, sagte ich weich. »Glauben Sie nicht auch, daß ich es am liebsten so hätte, wie Sie es vorgeschlagen haben?«

Ihre Hand glitt an meiner Schulter entlang und grub sich in mein Fleisch. »Gott sei Dank!« sagte sie. Dann begannen ihre Tränen zu fließen.

Ich zog ihren Kopf an meine Brust. »He«, sagte ich sanft, »ich dachte, Sie wollten mit mir essen gehen. Ich bin ein guter Freund der Scotts, und ich kann mir nicht erlauben, eine Frau mit verweinten Augen auszuführen.«

Sie richtete sich auf und drückte einen Augenblick lang meine Hand. »Keine Bange«, sagte sie stolz. »Lassen Sie mir eine Minute Zeit, um mich wieder herzurichten.« Ihre Hand ließ meine los und strich über ihr Haar. Sie stand aus dem Sessel auf.

»Ich warne Sie, Jeff«, sagte sie kokett, »ich esse wie ein Baggerführer.«

Sie ging aus meinem Office, den Flur entlang zu den Toiletten. Ich ging zu der eingebauten Bar und schluckte noch ein paar Beruhigungstabletten, die ich mit ein paar Schlucken Bourbon hinunterspülte.

Ich hörte ihre Schritte, als ich am Fenster stand und hinausblickte.

»Ich bin fertig, Paul.«

Mein Gott! Sie hatte mich Paul genannt.

Nach dem Mittagessen tat ich alles, um meinen Gedanken zu entfliehen. Ich versuchte, mich in Arbeit zu verstecken, aber die Papiere, die ich in der Hand hielt, schwankten so stark vor meinen Augen, daß ich sie nicht lesen konnte.

Ich nahm eine weitere Tablette, aber sie half auch nicht. Ich ging aus dem Büro und setzte mich in ein Vierundzwanzigstundenkino, aber ich konnte mich nicht auf das Bild konzentrieren. Ich erinnerte mich nur an einen Teil der Wochenschau, wo die »Mutter des Jahres« irgendeine Belohnung bekommen hat. Als ich das mitbekam, wollte ich laufengehen, aber da ich keinen Eckplatz hatte, mußte ich den ganzen Sermon über mich ergehen lassen, über die vielen Kinder, die sie erzogen hat, über ihre verdammte Güte und Freundlichkeit und . . .

Ich verließ das Kino und ging in die nächste Bar. Alkohol half nicht. Das merkte ich schon nach dem ersten Schluck. Dann verlor ich den Zusammenhang.

Ich wachte erst wieder richtig auf im Dampfbad des Rosario Clubs. Es war früher Nachmittag. Ich war allein in der Sauna, weil die Spieler noch draußen auf dem Platz waren.

Vielleicht war es eine verspätete Reaktion der vielen Pillen, aber plötzlich spürte ich, daß sich der Knoten in meinem Magen lockerte, daß der Kloß aus meiner Kehle verschwand. Ich konnte wieder nachdenken.

Es war einfach – ganz einfach. Es gab nur das eine. Ich mußte die Dynamitkapsel aus Eve Mulloys Auto entfernen. Das mußte so schnell wie möglich geschehen.

Noch war nichts Schlimmes geschehen, nichts, was nicht wieder glattzubügeln wäre. Ich konnte weiter so leben wie bisher, wenn ich auch Alice Scott entgegenkommen und die Rolle des braven Sohnes spielen mußte.

Wirklich, die Angst, die ich hatte, war völlig unbegründet. Ich mußte zwar einen Vertrag annullieren, mußte Eve Mulloy leben lassen, aber war das wirklich so schlecht?

Natürlich, da war noch eine Sache . . . Immer, wenn ich mit ihr zusammen war, wurde das erträglich, weil ich wußte, daß sie sterben würde . . . Das stimmte jetzt nicht mehr.

Also würde ich nicht mehr mit ihr zusammen sein. Ich mußte der Hexe aus dem Wege gehen.

Ich wußte, daß ich das einhalten konnte. Sie bedeutete mir nichts. Was unterschied sie von all den anderen. Daß sie weiterleben würde, ja. Aber sonst?

An diesem Abend noch würde ich zu Eves Haus gehen, genau wie an jenem Abend, als ich die Kapsel zwischen Felge und Rad befestigt hatte. Ich würde mich in ihre Garage schleichen, die Kapsel herausziehen . . . fertig!

Himmel, schließlich hatte ich zehntausend Dollar kassiert! Das war Geld, das Jerry Mulloy nie wieder sehen würde. Er konnte es nicht zurückverlangen. Mein »Freund« hatte es jetzt. Ein Trostpflaster für meinen Kummer.

Und was Alice Scott anbetraf – ich würde aufpassen, daß Bing immer zwischen uns stand. Sie war kein wirkliches Problem. Das einzige, was sie wollte, war, mich reich zu machen – und wer bin ich, daß ich mich dagegen wehren sollte? Das wollte ich doch mein ganzes Leben lang. In meinem ganzen verdammten Leben hatte ich nichts anderes gewollt, als reich zu werden und zu bleiben. Als Gönner hätte ich mir schlimmere Menschen denken können als Alice Scott mit ihrem makellosen grauen Haar.

Da gab's natürlich noch Bing. Er hatte eine Menge Schneid.

Natürlich hatte ich ein paarmal schon erlebt, daß er sich

Alice unterworfen hatte, aber das war nicht ernst zu nehmen, das waren kleine, bedeutungslose Angelegenheiten gewesen.

Ja, ich konnte so weiterleben wie bisher. Die Macht, die mir das bißchen Schauspielern einbringen würde! Fort Worth hätte ich in der Tasche, wie Bing es jetzt in der Tasche hatte. Himmel! Eine bessere Ausgangsposition gab es gar nicht. Es gab keine Alternative.

Ich muß wohl laut gelacht haben über mich selbst, daß ich je über meine weiteren Schritte gezweifelt haben konnte. George, der Clubdiener, steckte seinen Kopf in den Dampfraum und schaute mich fragend an.

»Möchten Sie etwas, Mr. Jeff?«

Das brachte mich in die Wirklichkeit zurück. »Nein, George«, antwortete ich, »im Augenblick will ich nichts. Ich bin wunschlos glücklich.«

»Yessuh.«

»Sag mal, George – was brauchst du eigentlich? Hast du einen Wunsch? Wenn du einen Wunsch hättest – was würdest du dann haben wollen, von allen Dingen, die es auf der Welt gibt?«

»Ich weiß wirklich nich', Missuh Jeff. Hab' nie noch nich' drüber nach'dacht. Glaub' schon, ein 'zfried'nes Leben is' genug für unsereins.«

»Das wäre wohl für jeden von uns genug«, sagte ich nachdenklich.

Dann fügte ich hinzu: »Du kennst doch meinen Spind, nicht wahr, George?«

»'türlich, Missuh Jeff. Dafür bin ich ja da, nich'.«

»Dann geh zu meinem Spind, nimm meine Brieftasche aus meinem Jackett und nimm dir hundert Dollar raus.«

»Sollten v'leich' außer Hitze kommen, nich', Missuh Jeff. Is' nich' gut, so lange.«

»Vielleicht hast du recht – aber nimm dir die hundert trotzdem.«

»'für denn? Missuh Jeff, ich hab' doch nie nich's tun können für Sie.«

»Vielleicht wollte ich nur jemanden hören, der zu mir ›Mister Jeff‹ sagt. Es hört sich richtig Klasse an, so wie du das sagst, George. Du bist der erste, der mich je so angeredet hat. Und ich habe mich eben entschlossen, 'ne Weile in Forth Worth zu bleiben.«

XXII

Als ich mir über meine Zukunft klargeworden war, fühlte ich mich so, als ob die Welt mir gehörte. Ich aß im Club, trank ein paar harte Drinks und meinte, ich hätte Bäume ausreißen können.

Nach dem Essen setzte ich mich an einen Tisch, wo Karten gespielt wurden, blieb ein paar Stunden hängen, steckte einen Gewinn von rund achtzig Dollar ein und fuhr zurück in die Stadt.

Es war gegen elf Uhr.

Ich parkte meinen Wagen an der Tankstelle, wo ich ihn auch bei meinem ersten Unternehmen »Zündkapsel« abgestellt hatte. Nachts war die Tankstelle geschlossen, deshalb bevorzugte ich diesen Platz.

Aus dem Handschuhfach nahm ich den Schraubenzieher, dann machte ich mich auf den Weg. Ich kam wieder auf den gepflegten Rasen, an die mannshohe Hecke, die Eves Haus umgab. In ihrem Schatten schlich ich mich zur Garage.

Ich benutzte die Tür, die zu den Gartengeräten führt. Von dort geht eine andere Tür in die eigentliche Garage.

Der Cadillac war nicht da. Eve war nicht zu Hause.

Ich konnte nicht in der Garage warten, denn dann hätte Eve mich sehen können, wenn sie zurückkam und ihren Caddy sofort in die Garage fuhr. Deshalb hielt ich mich draußen an der Rückseite auf.

Eine Apfelsinenkiste lag da, die der Gärtner wahrscheinlich vergessen hatte. Ich drehte sie um und setzte mich darauf.

Ich brauchte nicht lange zu warten. Die Hofeinfahrt lag in gleißendem Licht, als Eve ihr Coupé hereinlenkte. Mir lief es kalt über den Rücken, obwohl ich genau wußte, daß Eve mich nicht sehen konnte. Ich wartete darauf, daß die Scheinwerfer sich um die nächste Ecke tasteten, um den Weg in die Garage zu zeigen.

Sie tasteten sich nicht weiter vor. Eve hatte den Wagen direkt vor der Terrasse stehen gelassen, vor dem Jagdzimmer.

Als ich aufstand, hatte sie den Motor schon abgestellt und die Lichter gelöscht.

Ich sah sie aussteigen. Sie hob sich scharf gegen die Cremefarbe ihres Autos ab.

Sie hatte gerade ihr Haus betreten, als das Jagdzimmer auch schon in gleißender Helligkeit aufleuchtete. Die offene Terrassentür ließ einen Strahl auf den Cadillac fallen.

Jetzt wurde es schwierig.

Es gab nur eine Chance. Wenn Eve die Schlüssel hatte stecken lassen, konnte ich das Auto stehlen, ein paar Blocks weit fahren, die Zündkapsel entfernen und den Schlitten einfach irgendwo stehenlassen.

Glücklicherweise war sie von der Seite gekommen, so daß der Schlüssel auf der vom Haus abgewandten Seite steckte. Ich wußte, daß man die Tür nicht öffnen konnte, ohne daß die Innenraum-Beleuchtung anging – ein schwieriger Fall, nur nicht bei einem Coupé. Ich konnte einfach über die Tür springen und loslegen.

Ich bückte mich und verließ den schützenden Garagenbau. Als ich den Wagen erreicht hatte, blickte ich ins Jagdzimmer.

Eve telefonierte, nein, sie wählte gerade. Sie hörte einen Augenblick hin, dann warf sie den Apparat angewidert in einen Sessel. Sie stand auf und begann, wie ein wildes Tier im Käfig auf und ab zu gehen.

Ich legte einen Arm auf die Tür und tastete nach den Schlüsseln. Sie steckten. Ich schaltete die Zündung ein und holte zum Sprung über die Tür aus, als ich sie durch die Tür auf die Terrasse treten sah.

Das rote Brems- und Rücklicht leuchtete böse wie ein magisches Höllenauge.

Ich hatte keine Zeit mehr, zurück zur Garage zu kriechen, um mich dort zu verstecken. In ein paar Sekunden würde sie am Auto sein, würde mich sehen. Ich richtete mich auf und ging hinter dem Cadillac auf sie zu.

»Eve«, sagte ich weich.

Sie zuckte zusammen, als sie meine Stimme hörte, dann kam sie auf mich zugelaufen.

»Jeff!«

Jetzt mußte ich meine Rolle ändern. Sie griff meinen Arm und zog mich zu ihr.

»Hinein«, sagte sie.

Wir gingen ins Jagdzimmer. Sie legte den Riegel vor die Terrassentür und löschte das große Licht, so daß nur noch zwei dämmrige Wandleuchten den Raum in eine schummrige Dunkelheit tauchten.

Sie kam auf mich zu. Sie sagte nichts. Ich hob meine Hände, um sie wegzustoßen, abzuwehren, aber ich . . . ich konnte nicht.

Ich weiß nicht, wie lange es gedauert hat. Sie überschüttete mich mit ihrer Lust wie eine übergroße Welle und spülte mich fort in die Unendlichkeit des Begehrens.

Diese Tatsache, diese schreckliche Tatsache, daß sie von mir Besitz ergreifen konnte, traf mich wie ein harter Schlag, auf den ich nicht vorbereitet gewesen war.

Ich wollte aufstehen, wollte weg von ihr, ich *mußte* weg von ihr. Ihre Finger gruben sich in meinen Nacken, zogen mich zu ihr zurück.

Ich widersetzte mich. *Ich mußte weg!* Sie zog mich wieder an sich, zog mich an ihren sonnengebräunten, wohlgeformten Körper. Ich rollte weg.

Wild holte ich aus, wild schlug ich zu, traf ihren Kopf. Ihre Nägel wurden lebendig, krallten sich in meinem Nacken fest, rissen den Mantel herab, den ich nicht einmal mehr hatte ausziehen können.

Ich schlug wieder zu, zwang sie, ihren Griff zu lockern.

Dann lagen meine Hände um ihren Hals. Ich drückte zu, drückte fest zu . . .

Endlich stand ich auf, schwach, erschöpft, ekelerregt von dem, was geschehen war.

Hastig zog ich meine Kleider gerade, froh darüber, keine Zeit zum Ausziehen gehabt zu haben. Mein Mantel war eingerissen und völlig verknautscht. Ich steckte das Hemd in die Hose.

In dem Moment kam ein Auto die Auffahrt hinauf. Die Scheinwerfer ließen das Zimmer gräßlich hell werden.

Ich lief aus dem Zimmer, öffnete die Terrassentür, versteckte mich hinter einem großen Blumenkübel. Es war aussichtslos, jetzt über den weiten Rasen zu laufen, um die Straße zu erreichen.

Jerry Mulloys Cadillac Seville stoppte hinter Eves Wagen. Jerry kletterte heraus und fluchte. Er war völlig betrunken. Er stolperte auf die Terrassentür zu und hatte genug Mühe, den Weg ins Haus zu finden – ohne auch noch auf die Umgebung zu achten.

Als er an mir vorüber war und durch die Tür fiel, schlich ich mich leise zu Eves Coupé. Ein paar Schritte noch . . . Ich hielt es nicht mehr aus, richtete mich auf und rannte, warf mich hinters Steuer.

Jetzt spielte nichts mehr eine Rolle. Jetzt kam es nur noch darauf an, wegzukommen, und zwar so schnell und soweit wie möglich.

Man hatte mich dabei überrascht, als ich Eve Mulloy ermordet hatte. Schlimmer konnte es jetzt nicht mehr werden.

Der Motor sprang sofort an. Der schwere Wagen machte einen Satz nach vorn, schoß auf die Straße.

Ich meine, einen Schuß gehört zu haben, als ich den Cadillac schon mit Benzin fütterte. Aber das war mir egal. Alles war mir jetzt egal.

Meine Augen waren nebelverhangen, und der verdammte Kloß in meiner Kehle würgte mich. Weg! Nur weg. Vielleicht konnte ich die mexikanische Grenze früh genug erreichen. Vielleicht war Jerry Mulloy zu betrunken, um der Polizei sofort sagen zu können, was passiert war.

Ich trat das Gaspedal durch. Der Cadillac raste durch die dunklen Straßen. Als die Tachonadel an der 60-Meilen-Marke vorbeistrich, zog ich schnell meinen Fuß zurück. Das fehlte mir gerade noch, alle schlafenden Polizisten wegen zu hoher Geschwindigkeit auf mich aufmerksam zu machen.

Dann das Krachen der Dynamitkapsel.

Ich spürte, wie das Coupé herumgerissen wurde, wie der schwere Wagen sich gegen das reifenlose Vorderrad aufbäumte. Mir kam es wie eine Ewigkeit vor, bis sich die

Räder von der Straße hoben, bis mir die Bäume entgegenkamen . . .

Das Auto machte einen zweiten Schlenker. Dann war ich draußen, wurde wie eine Feder von irgendeiner Kraft erfaßt und in die Luft gehoben.

Ich muß eine ganze Zeitlang ohne Bewußtsein gewesen sein. Ich meine, noch nachträglich die Spritzen zu spüren, die sie mir gegeben hatten. Wenigstens einige.

Ich erinnere mich an Stimmen. Ich kann mich gut an Stimmen erinnern.

»Soviel wir bis heute sagen können, Mrs. Scott, hat er einen Schädelbruch davongetragen. Es ist wie ein Wunder, daß er überhaupt noch am Leben ist.«

Eine andere Stimme. Sie war mir fremd, aber ich wußte, wem sie gehören mußte. Man merkte es auch an der Art, wie er die Frage stellte, an dem Tonfall.

»Wie war das bei Mr. Mulloy?«

»Er war tot, bevor wir hinzukamen. Ein langläufiges Gewehr läßt nicht viel von einem Mann übrig, wenn er es in den Mund hält und dann abdrückt.«

Der Schuß – das Geräusch, das ich gehört hatte, als ich Eves Wagen auf die Straße lenkte.

»Das wär's für uns. Mord und Selbstmord. Ich weiß immer noch nicht, was Allen in Eve Mulloys Auto zu suchen hatte . . . Haben Sie eine Ahnung?«

»Nein«, sagte die bekannte Stimme.

»Hat es Zweck, ein paar Fragen an ihn zu stellen?«

»Er könnte Ihnen nicht antworten, Lieutenant.«

Ich dämmerte wieder ein. Mir war so, als ginge mich das alles nichts an. Die drei Wochen im Krankenhaus waren ein einziges Nebelfeld. Dann schoben und hoben sie mich auf eine Liege, in einen Krankenwagen und schließlich brachten sie mich hierhin.

XXIII

Nichts ist herausgekommen – gar nichts. Ich sollte wohl froh darüber sein. Für Alice und Bing Scott bin ich immer noch der alte Jeff Allen. Sie kümmern sich rührend um mich.

Aber für mich ist es anders.

Alice läßt mich praktisch keine Sekunde allein. Jetzt weiß sie, daß ich sie nie verlassen werde. Ich glaube, das ist es, was mich wahnsinnig macht. Wenn sie wenigstens mal mit Bing ins Kino ginge oder irgendwohin, daß sie mal einen Tag nicht im Hause wäre, oder auch nur einen Nachmittag . . .

Vielleicht fühlte ich mich dann nicht so, als ob ich die Welt zusammenschreien möchte, schreien durch eine Kehle, die keinen Ton von sich gibt.

Ich wünschte, ich wäre tot.

Jetzt bin ich gelähmt. Ich kann nicht reden und bin dazu verdammt, mein Leben in einem Rollstuhl zu verbringen. Aber ich bin nicht gefühllos. Deshalb spüre ich Alices Hände.

Auch das würde es einfacher machen. Wenn ich ihre verdammten weichen Hände nicht zu fühlen brauchte, wenn sie mich berühren oder baden.

Gott! Wenn ich ihr doch sagen könnte, was ich getan habe! Ich sehe schon das Entsetzen in ihrem Blick, wenn sie erfährt, daß ich Maxine und Eve getötet habe! Wenn ich mein Geständnis geschrieben habe und man mich abholt . . .

Ich kann sehen und hören und fühlen. Und ich kann niederschreiben, was ich getan habe.

Ich wünschte, ich wäre tot.

ENDE

Ross Thomas

Was ich nicht weiß, macht mich nicht kalt

Ullstein Buch 10272

Der letzte Band der vielgerühmten McCorkle & Padillo-Trilogie.
»Ross Thomas hat dem Kriminalroman der Gegenwart eine Qualität erschrieben, die ich demokratischen Realismus nennen möchte.«

Jörg Fauser, F.A.Z.

ein Ullstein Krimi

Ross Thomas

Unsere Stadt muß sauber werden / Wahlparole: Mord / Nur laß dich nicht erwischen

Krimi-Brummer

Ullstein Buch 10294

ein Ullstein Krimi

Drei Romane in einem Band.

»Ross Thomas erzählt spannend, ohne daß er dauernd die Toten purzeln lassen muß ... Seine Dialoge sind trockener als Wodka-Martinis.«

Jörg Fauser

Ullstein
Krimis

»Bestechen durch ihre Vielfalt«
(Westfälische Rundschau)

Ross Thomas
Mördermission (10320)

Ted Allbeury
Das Mädchen aus Addis (10321)

John Sladek
Unsichtbares Grün (10322)

Andrew Bergman
LeVine (10323)

Hitchcocks Kriminalmagazin,
Band 176 (10324)

Klaus-Dieter Walkhoff-Jordan
Bibliographie der Kriminalliteratur
(10325)

Robert B. Parker
Kevins Weg ins andere Leben (10326)

Bill Granger
Frauenmord in Chicago (10327)

Melvin Bolton
Diebe (10328)

Teri White
Blutende Herzen (10329)

Hitchcocks Kriminalmagazin,
Band 177 (10330)

James Hadley Chase
Zahltag (10331)

Rex Burns
Der Cinnamon Club (10332)

Ted Allbeury
Die Rächerin (10333)

Andrew Bergman
LeVine & Humphrey Bogart (10334)

Hitchcocks Kriminalmagazin,
Band 178 (10335)

Ross Thomas
Geheimoperation Gelber Hund
(10336)

Laura Furman
Die Schatten von Houston (10337)

Loren D. Estleman
Die Straßen von Detroit (10338)

Richard Hoyt
Trotzkys Rückkehr (10339)

Hitchcocks Kriminalmagazin,
Band 179 (10340)

Robert B. Parker
Endspiel gegen den Tod (10341)

Charles McCarry
Tränen des Herbst (10342)

Paul Pines
Der Blechengel (10343)

Donald Carter
Case (10344)

Hitchcocks Kriminalmagazin,
Band 180 (10345)

Ross Thomas
Die Millionenernte (10346)

Richard Hoyt
Denson (10347)

Samuel Fuller
Sapphos Flucht (10348)

James A. Howard
Spezialist für Mord (10349)

Hitchcocks Kriminalmagazin,
Band 181 (10350)

ein Ullstein Buch